Conditio Judaica 52
Studien und Quellen zur deutsch-jüdischen Literatur- und Kulturgeschichte

Herausgegeben von Hans Otto Horch
in Verbindung mit Alfred Bodenheimer, Mark H. Gelber und Jakob Hessing

Jüdische Aspekte Jung-Wiens im Kulturkontext des »Fin de Siècle«

Herausgegeben von
Sarah Fraiman-Morris

Max Niemeyer Verlag
Tübingen 2005

Bibliografische Information der Deutschen Bibliothek

Die Deutsche Bibliothek verzeichnet diese Publikation in der Deutschen Nationalbibliografie;
detaillierte bibliografische Daten sind im Internet über *http://dnb.ddb.de* abrufbar.

ISBN 3-484-65152-0   ISSN 0941-5866

Druck: Laupp & Göbel GmbH, Nehren
Einband: Nädele Verlags- und Industriebuchbinderei, Nehren

Inhalt

Sarah Fraiman-Morris

Jüdische Aspekte *Jung-Wiens* im Kulturkontext des *Fin de Siècle*

Vorwort

Die Kunst im Wien des *Fin de Siècle* bezaubert einerseits durch ihre ästhetische Qualität – am auffallendsten ist dies wohl bei gewissen Gemälden Gustav Klimts mit ihrem reichen Goldschimmer und den prächtig leuchtenden Farben. Auch über der Literatur liegt dieser ästhetische Glanz, der bis in die Zeitungen hineindringt in die polierten Feuilletons, welche wie schillernde Seifenblasen den nüchternen Seiten entsteigen. Andererseits kennzeichnet das Wien der Jahrhundertwende eine Neigung zur Tiefe, die sich in Freuds Psychoanalyse, in der Musik Gustav Mahlers und Arnold Schönbergs manifestiert.[1] Nicht weniger als die Musik Schönbergs oder gewisse literarische Erzeugnisse Arthur Schnitzlers und Hugo von Hofmannsthals beunruhigen die Bilder Egon Schieles und Arnold Schönbergs, deren Symbolik sich mit existentiellen Fragen beschäftigt und tiefenpsychologische Problemkreise berührt.[2] Diese Dichotomie zwischen Ästhetisch-Äußerlichem und Ethisch-Innerlichem, letzteres als Suche nach irdischer oder nach ewiger Wahrheit, charakterisiert die Geisteshaltung des *Fin de Siècle*.

> Trotz oder gerade wegen der permanenten Krisensituation der untergehenden Habsburgermonarchie erwies sich das »Wien um 1900« als ein kreatives Milieu, in dem nicht nur das literarische, musikalische und künstlerische Formenrepertoire der Moderne ausgearbeitet bzw. fortentwickelt wurde, sondern auch wesentliche Erkenntnisfortschritte in der Wissenschaft [...] erzielt wurden.[3]

Die Hochblüte kultureller Leistungen im Wien um die Jahrhundertwende vom 19. zum 20. Jahrhundert, deren hervorragendste Künstler wie Gustav Mahler und Arnold Schönberg in der Musik, Gustav Klimt und Egon Schiele in der Malerei, Hugo von Hofmannsthal, Arthur Schnitzler und Stefan Zweig in der Literatur

---

[1] Ruth HaCohen zieht Parallelen zwischen Freuds Psychoanalyse und Schönbergs Musik in: Reflections and Inflections of the Transfiguring Self. In: Österreich-Konzeptionen und jüdisches Selbstverständnis. Identitäts-Transfigurationen im 19. und 20. Jahrhundert. Hg. von Hanni Mittelmann und Armin A. Wallas. Tübingen: Niemeyer 2001 (Conditio Judaica. Studien und Quellen zur deutsch-jüdischen Literatur und Kulturgeschichte; 35), S. 115–140, hier S. 119–124.

[2] Milly Heyd vergleicht Schieles Malerei, »the deep psychological insights Schiele expresses through the body«, mit »Freud's theoretical studies« (Egon Schiele and Arnold Schönberg. Light within the Dissonance. In: Österreich-Konzeptionen und jüdisches Selbstverständnis [Anm. 1], p. 87–114, hier S. 86.

[3] Mittelmann / Wallas, Österreich-Konzeptionen und jüdisches Selbstverständnis (Anm. 1), S. 5.

und Sigmund Freud in der Psychoanalyse weltbekannt wurden, war nach Jakob Hessing (»Die langen Wurzeln des Jungen Wien«) das Resultat der österreichischen Identitätslosigkeit. Diese Auflösung traditioneller österreichischer Identität[4] zog ein »fließend und unbestimmt«-Werden auch der jüdischen Identität nach sich. »Das Judentum wurde zu einer Suche, zu einer ständigen Selbstbefragung und zu einer fortgesetzten Erfindung.«[5] Bekanntlich war ein Großteil der Kulturträger im Wien des *Fin de Siècle* jüdisch.[6] »Jewish genius flourished as never before in Viennese music, theatre, literature, the social sciences, medicine, psycho-analysis, physics, chemistry and biology.« (Robert Wistrich: »Karl Kraus: Prophet or Renegade?«, S. 15) Mark Gelber (»Interfaces between *Young Vienna* and the *Young Jewish* Poetic Movement«) zeigt die Korrelationen zwischen den literarischen Gruppen *Junges Wien* und *jungjüdische Dichtung*; Richard Beer-Hofmann und Stefan Zweig veröffentlichten in Publikationen beider Gruppen.

Der vorliegende Band diskutiert Aspekte der Auseinandersetzung österreichisch-jüdischer Denker und Dichter des *Fin de Siècle* mit ihrer jüdischen Identität, sei es in positiver (Richard Beer-Hofmann, Theodor Herzl) oder eher in negativer Weise (Stefan Zweig, Karl Kraus). Dabei bestehen trotz aller Gegensätzlichkeit Konstanten bei ihnen allen, welche sich auf ihre jüdischen Wurzeln zurückführen lassen: eine moralische Bewusstheit und Verantwortlichkeit.

Robert Wistrich legt komplexe und tiefliegende Motive hinter Karl Kraus' offensichtlichem jüdischen Selbsthaß frei: eine moralische Rigorosität und Integrität, welche sich gegen die moralische Seichtheit und die Verkommerzialisierung der modernen Realität richtet, für die Kraus (allerdings ungerechterweise) die Juden Wiens verantwortlich macht. Kraus versuchte, sich unter allen Umständen von dieser ihm typisch jüdisch erscheinenden Dekadenz zu distanzieren, indem er sich von allem Jüdischen in und um sich lossagte. Dieser sein Kampf gegen das moderne Judentum wurzelte paradoxerweise in biblischen Werten wie der Liebe zur Wahrheit und in einer seriösen Moralität.[7]

Hanni Mittelmann (»...durch die Kunst unsere Schmerzen in Blumen verwandeln«) demonstriert anhand der philosophischen Erzählungen Herzls (zwischen 1890 und 1900) den Prozeß der Wandlung von Herzls jüdischem Selbstverständnis: vom Ablehnen zum Akzeptieren nicht nur seines Jüdischseins, sondern auch einer damit verbundenen Aufgabe. Die Bereitschaft zum Übernehmen der zionistischen Aufgabe, zum Einsetzen seines Lebens für eine gerechtere Welt, reflektiert sich in Herzls späteren Erzählungen. (Wie geprägt Herzl allerdings

---

[4]   Vgl. ebd., 6.

[5]   Jacques Le Rider: Modernité viennoise et crises d'identité. Paris: Presses Universitaires de France 1990; dt.: Das Ende der Illusion. Die Wiener Moderne und die Krisen der Identität. Wien: Österreichischer Bundesverlag 1990, S. 284.

[6]   Harry Zohn: *Fin-De-Siècle* Vienna. In: The Jewish Response to German Culture. From the Englightement to the Second World War. Ed. by Jehuda Reinharz. Hanover, London: University Press of New England 1985, S. 137–149, hier S. 139.

[7]   Nach Harry Zohn hatte Kraus »a Jew's burning sense of justice [...], a Jew's quest for truth in human relationships as well as in literature« (ebd., S. 144).

von seiner österreichischen Herkunft war, zeigt sich in seiner Vision des Judenstaates als Ableger der europäischen Welt und Kultur.)

Beer-Hofmanns Suche nach der Transzendenz (Sarah Fraiman-Morris) bedeutet das gleiche Streben, allerdings auf einer metaphysischen Ebene. Beer-Hofmann macht die auch bei Schönberg sichtbare Wendung von einem für das *Fin de Siècle* typischen Ästhetizismus zu ethisch-metaphysischen Fragen. Beer-Hofmann findet zu einem echten Glauben an einen gerechten Weltenschöpfer und zugleich zu einem Bekenntnis zum diese Werte vertretenden Judentum.

Auch Stefan Zweigs bekanntes »Mittlertum«, sein Pazifismus, sein Glauben an Verstehen und Toleranz zwischen den Nationen im Sinne des Humanisten Erasmus von Rotterdam ist auf eine zutiefst moralische Weltsicht gegründet. Jacob Golomb (»Stefan Zweig's Tragedy as a Nietzschean *Grenzjude*«) zeigt, wie Zweigs Versuch, als »freier Geist« im Sinne Nietzsches (der das *Junge Wien* und die Kunst des *Fin de Siècle* stark beeinflußt hatte) zu leben, zum Unterschätzen des Wertes seiner jüdischen Wurzeln führte, welche ihm zur Zeit des Zweiten Weltkrieges und seines damit verbundenen Exils einen dringend nötigen inneren Halt hätten bieten können. Und dies, obwohl Zweig um die Jahrhundertwende, im Wien des *Fin de Siècle* von Herzl als Dichter entdeckt, als einer der wenigen Dichters *Jung Wiens* mehrere literarische Werke jüdischen Inhalts in jungjüdischen Publikationen veröffentlicht hatte (Gelber, Interfaces).

Arthur Schnitzlers moralisches Engagement manifestiert sich wie in vielen seiner literarischen Werke auch in seinem Kampf gegen die Verletzung des literarischen Urheberrechts nicht nur für seine eigenen Werke, sondern ebenso für die anderer. Nach Jeffrey Berlin (»Arthur Schnitzler's Unpublished Memoir *Urheberrecht und geistiges Eigentum*«) »Schnitzler maintained that he had a moral obligation to protect future writers from the same pitfalls he had run into.« (S. 102). Schnitzlers Absicht war es, »[...] im Interesse der gesamten Schriftstellerwelt gegen die ungeheuerlichen Mißstände vorzugehen, unter denen ja nicht ich allein, sondern so manche andere deutsche Schriftsteller zu leiden haben« (S. 104).

Ähnlich Arnold Schönberg und Egon Schiele, beide Maler, Schiele auch Dichter und Schönberg Musiker und Dichter, waren mehrere der hier analysierten jüdischen Kulturträger interdisziplinär tätig – eine dem *Fin de Siècle*, welches das Gesamtkunstwerk anstrebte, charakteristische Eigenschaft. Der Polemiker, Kritiker und Dichter Karl Kraus war im Grunde Moralist und Prophet im alttestamentlichen Sinn, ein moderner Jeremias (Wistrich, S. 30), dessen hohe moralische Anforderungen an sich und an die Welt allerdings zu Absurditäten und ungerechten Urteilen vor allem den Juden gegenüber führten. Der Journalist Theodor Herzl sah sich, bevor er zum Politiker wurde, als Dichter und suchte den Anschluß an den literarischen Kreis *Jung Wien*.[8] Jacob

---

[8] Siehe Herzl-Briefe. Hg. und eingeleitet von Manfred Georg. Berlin, Leipzig: Brandus 1935, S. 42; Alex Bein: Theodor Herzl. Biographie. Wien: Fiba 1934 (Nachdruck: Frankfurt a. M.: Ullstein 1983), S. 86; Jeffrey B. Berlin. The Unpublished

Golombs Beitrag demonstriert Stefan Zweigs tiefe Beeinflussung durch die Philosophie Nietzsches, welche sein Denken, sein Selbstverständnis und damit den Gang seines Lebens bestimmte. Jeffrey Berlin zeigt eine bisher unbekannte Seite des Arztes und Dichters Arthur Schnitzler, seine Beschäftigung mit juristischen Fragen in seinem Kampf um ein Implementieren des geistigen Urheberrechts.

Das Wien der Jahrhundertwende war auch die Brutstätte von Ideologien wie dem Rechtsradikalismus, welcher zum Untergang des deutschen und österreichischen Judentum führen sollte. Palästina, ab 1948 Israel wurde zu einem neuen kulturellen Zentrum des Judentums mit Hebräisch als seiner alt-neuen Sprache. Shimon Levy (»Von Schnitzler bis Turrini: Meilensteine auf dem Weg des österreichischen Theaters in Israel«) verfolgt die Aufführungen von österreichischen Theaterstücken im heutigen Israel und ihre unterschiedliche Rezeption in Herzls zur Wirklichkeit gewordenem »Judenstaat«.

Die Beiträge dieses Bandes gehen zurück auf eine interdisziplinäre Konferenz über Kunst und Kultur des *Fin de Siècle* im November 2002 an der Hebräischen Universität Jerusalem, initiiert und organisiert von Dr. Sarah Fraiman-Morris, veranstaltet vom Zentrum für Österreich-Studien (Center for Austrian Studies) und unterstützt auch von der Richard Beer-Hofmann Foundation. Dank gebührt Herrn Prof. Dr. Jacob Golomb, dem Direktor des Zentrum für Österreich-Studien, der diese Konferenz ermöglichte, sowie Frau Alma Lessing für ihre Mithilfe bei der Organisation bis ins kleinste Detail. Wir danken auch Prof. Dr. Hans Otto Horch für die Veröffentlichung dieses Bandes in der Reihe *Conditio Judaica* und Herrn Till Schicketanz für die redaktionelle Betreuung.

Letters of Richard Beer-Hofmann to Hermann Bahr (with the Unpublished Letters between Beer-Hofmann and Herzl). In: Identity and Ethos. A Festschrift for Sol Liptzin on the Occasion of his 85. Birthday. Ed. by Mark H. Gelber. New York u. a.: Lang 1986, S. 134; Arthur Schnitzler / Richard Beer-Hofmann: Briefwechsel 1891–1931. Hg. von Konstanze Fliedl. Wien: Europa 1992, S. 72; Hugo von Hofmannsthal / Arthur Schnitzler Briefwechsel. Hg. von Therese Nickl und Heinrich Schnitzler. Frankfurt a. M.: Fischer 1964, Brief vom 27. März 1895.

Jakob Hessing

Die langen Wurzeln des Jungen Wien

Armin A. Wallas zum Gedenken

1

»Niemand ist stark oder reich genug«, schreibt Theodor Herzl in der Einleitung zu seinem *Judenstaat*, »um ein Volk von einem Wohnort nach einem andern zu versetzen. Das vermag nur eine Idee. Die Staatsidee hat wohl eine solche Gewalt.«[1] Das will er nun auch auf die Juden anwenden und führt seine Staatsidee auf einen alten Traum zurück:

> Die Juden haben die ganze Nacht ihrer Geschichte hindurch nicht aufgehört, diesen königlichen Traum zu träumen: »Übers Jahr in Jerusalem!« ist unser altes Wort. Nun handelt es sich darum, zu zeigen, daß aus dem Traum ein tagheller Gedanke werden kann.
>
> Dazu muß vor allem in den Seelen tabula rasa gemacht werden von mancherlei alten, überholten, verworrenen, beschränkten Vorstellungen. So werden dumpfe Gehirne zunächst meinen, daß die Wanderung aus der Kultur hinaus in die Wüste gehen müsse. Nicht wahr! Die Wanderung vollzieht sich mitten in der Kultur. Man kehrt nicht auf eine niedrigere Stufe zurück, sondern ersteigt eine höhere. Man bezieht keine Lehmhütten, sondern schönere, modernere Häuser, die man sich neu baut und ungefährdet besitzen darf. Man verliert nicht sein erworbenes Gut, sondern verwertet es. Man gibt sein gutes Recht nur auf gegen ein besseres. Man trennt sich nicht von seinen lieben Gewohnheiten, sondern findet sie wieder. Man verläßt das alte Haus nicht, bevor das neue fertig ist.[2]

Der Text ist erstaunlich, wenn man die spätere Geschichte des Zionismus und seine mühsame Verwirklichung bedenkt. Erstaunlich ist er aber auch ohne das Wissen der Nachgeborenen, schon im Kontext seiner Entstehungszeit. Was Herzl hier verspricht, ist ein liberales, dem Fortschrittsglauben der Moderne verpflichtetes Modell der Staatsgründung. Er steht damit in einer Tradition, die sich auf die Werte des Liberalismus zu berufen pflegte, um den im 19. Jahrhundert akut gewordenen Gedanken des Nationalstaates durchzusetzen. Doch es war ein riskantes Versprechen, das er gab, denn in der österreichisch-ungarischen Monarchie war dieser Gedanke dem Druck des reaktionären Systems ausgesetzt, das sich nach dem Sieg über Napoleon etabliert hatte; die Dynastie der Habsburger mußte ihn ablehnen, wenn sie die Grundlage ihrer eigenen Herrschaft nicht gefährden wollte.

Der Nationalstaat ist in Wirklichkeit auch nur scheinbar ein liberales Konzept. Den Liberalismus bemüht er zumeist in der Zeit seiner Entstehung, wäh-

---

[1] Theodor Herzl: Der Judenstaat. 10. Aufl., Berlin: Jüdischer Verlag 1934, S. 19.
[2] Ebd., S. 19–20.

rend er um das von repressiven Gegnern besetzte Ziel seiner »Unabhängig-
keit« kämpft. Hat er dieses Ziel erreicht, wirft er die Maske des Liberalismus
oft ab. Das zeigen zahllose Beispiele aus der Geschichte und nicht zuletzt das
früheste Beispiel, an dem sich dieser Vorgang studieren läßt: die Französische
Revolution. Dort nimmt der Nationalstaat erstmals seine historische Form an;
er führt seinen Kampf gegen König und Adel – und dann, als der Citoyen
schon gesiegt zu haben scheint, richtet er ein für wohlwollende Beobachter
völlig unerwartetes Blutbad unter den eigenen Parteigängern an.

Herzl hätte nicht so weit in die Geschichte zurückzugehen brauchen, um die
von ihm postulierte Verknüpfung von Nationalstaat und Liberalismus in Zweifel zu ziehen. Er war ein großer Verehrer von Bismarck,[3] gerade das preußi-
sche Beispiel aber lehrte, daß die Reichsgründung nicht den Liberalen in
Deutschland gedient hatte, sondern nur der Dynastie der Hohenzollern und den
Junkern. Noch der Pariser Dreyfus-Prozeß, dessen Zeuge er soeben geworden
war und dem der *Judenstaat* seine Niederschrift verdankte, war eine späte
Folge der Machtpolitik Bismarcks gewesen.

Wie schlecht es um den österreichischen Liberalismus bestellt war, wußte
niemand besser als der nach Wien zugewanderte Jude Theodor Herzl selbst.
1860 geboren, war er 1878 aus Budapest in die Metropole gekommen, um das
Jurastudium aufzunehmen, aber zu diesem Zeitpunkt war die kurze liberale
Blütezeit nach der Revolution von 1848 schon vorbei gewesen. Sie hatte sich
aus der Schwäche der Zentralmacht gespeist: 1859 hatte Österreich den Krieg
in Italien, 1866 den Krieg gegen Preußen verloren, und der Weg zu Reformen
schien nun freier zu sein. Aber 1873 kam der Börsenkrach, und 1879 erlitten
die Liberalen ihre entscheidende Niederlage bei den Wahlen:[4] In einem dialek-
tischen Prozeß hatte die Reaktion sich genau deshalb wieder durchgesetzt, weil
in der liberalen Periode die Nationalbewegungen innerhalb der Kronländer
erstarkt waren und die Monarchie in die Defensive gezwungen hatten.

Auch der Kapitalismus, den Herzl an der oben zitierten Stelle implizit an-
preist und mit dessen Hilfe er sein zionistisches Programm in die Tat umzuset-
zen hofft,[5] hat sich längst als ein trügerisches Glücksversprechen erwiesen.
Selbst das weiß Herzl bereits: 1894, zwei Jahre vor dem *Judenstaat*, hatte er es
in seinem Theaterstück *Das neue Ghetto* dargestellt. Dort heiratet der jüdische
Rechtsanwalt Jakob Samuel, der in vielem ein Selbstporträt des Autors ist, in
eine Familie von Börsenspekulanten ein; aber dann stellt er sich auf die Seite
der von der eigenen Verwandtschaft ausgebeuteten Arbeiter und stirbt schließlich in einem Duell.

Der Theaterschriftsteller Herzl war bisher als Autor von seichten Komödien
hervorgetreten, und es ist aufschlußreich, daß er in seiner einzigen Tragödie

---

[3]   Zu Herzls Bismarckverehrung, vgl. Jacques Le Rider: Das Ende der Illusion. Die
      Wiener Moderne und die Krisen der Identität. Wien: Österreichischer Bundesverlag
      1990, S. 300.
[4]   Vgl. ebd., S. 261.
[5]   Herzl, Der Judenstaat (Anm. 1), S. 20–21.

keine liberale, sondern eine sozialistische Position zum Ausdruck bringt. Das Stück, das lange von keiner Bühne angenommen wurde, hat er nicht zufällig anonym geschrieben, weil er sich hier mit seiner öffentlichen Stellung in Konflikt brachte. Den Dreyfus-Prozeß hatte er als Pariser Korrespondent der *Neuen Freien Presse* verfolgt, und bald darauf, als er 1895 nach Wien zurückkehrte, wurde er zum Feuilletonredakteur dieser wohl bedeutendsten Zeitung des europäischen Liberalismus ernannt. Damit war er zu einem offiziellen Sprecher des liberalen Lagers geworden, dem an den im *Neuen Ghetto* geübten Tabuverletzungen nicht gelegen sein konnte.

Denn es kam noch hinzu, daß sein Drama in kritischer Zeit – als Karl Lueger bereits auf dem Weg ins Wiener Bürgermeisteramt war – das heikle Thema des Antisemitismus auf die Bühne brachte und so das Idyll liberaler Wunschvorstellungen ein weiteres Mal hinterfragte. Der Konflikt blieb dann auch nicht lange aus: 1898, als Herzl durch seine zionistische Politik schon zur öffentlichen Figur geworden war, wurde das Stück in Wien inszeniert und führte zu scharfen Auseinandersetzungen mit Herzls Chefredakteur Moritz Benedikt.[6]

Das Erstaunliche des eingangs zitierten Textes liegt also schon zum Zeitpunkt seines Erscheinens zutage. Herzl veröffentlicht den *Judenstaat* und nimmt damit eine Rolle an, die seiner offiziellen Funktion als leitendes Mitglied der *Neuen Freien Presse* diametral entgegengesetzt ist. Zwei Jahre zuvor, im *Neuen Ghetto*, versuchte er diesen Gegensatz noch unter einer anonymen Autorschaft zu verbergen, jetzt aber wird die Spaltung seiner Persönlichkeit zum öffentlichen Ereignis. Im Wien des Fin de siècle geschieht das nicht zum einzigen Mal, und erinnert sei hier nur an den spektakulär inszenierten Selbstmord Otto Weiningers, dessen *Geschlecht und Charakter* eine unlösbare Problematik der eigenen Person bloßgelegt hatte; oder an Sigmund Freuds *Traumdeutung*, die als Grundtext einer neuen Seelenlehre lesbar ist und zugleich als eine Konfession autobiographischer Konfliktsituationen, die in der herrschenden Kultur nicht zu lösen waren.

Bei Freud findet sich auch ein Begriff, der den offensichtlichen Widerspruch im *Judenstaat* zu erklären hilft. Die Psychoanalyse spricht von einer »Kompromißbildung«, wenn entgegengesetzte Anforderungen an eine Person künstlich zum Einklang gebracht werden und das Unbewußte halbe Lösungen kreiert, um beide Seiten des Konfliktes zu bedienen. In Herzls politischem Manifest läßt sich das gut beobachten: Er tritt nun als Zionist auf, muß sich aber als Redakteur der *Neuen Freien Presse* liberal definieren und stellt seinen jüdischen Staatsgedanken daher als Frucht des Liberalismus dar. Das verborgene Trauma seines Textes – die Angst vor dem drohenden Untergang des Liberalismus, wie er sie beim Schreiben des *Neuen Ghetto* und während des Dreyfus-Prozesses empfunden haben muß – ist der eigentliche Grund seines *Judenstaates*, doch ist er schon ins Unbewußte abgesunken.

---

6   Amos Elon: Herzl. New York: Holt, Rinehart and Winston 1975, S. 254.

2

Was der Text von Theodor Herzl exemplarisch sichtbar macht, läßt sich auch
als eine Konstante für die Reihe der Autoren festhalten, die seit der Mitte der
90er Jahre auftrat und die man das »Junge Wien« genannt hat. Es fällt schwer,
diese Schriftsteller als eine Gruppe zu charakterisieren. Leopold von Andrian
und Hugo von Hofmannsthal haben sich eher als Repräsentanten eines alten
denn eines jungen Wien gesehen, Peter Altenberg optierte für den Katholizismus, Richard Beer-Hofmann dagegen suchte sein Heil im Judentum, Arthur
Schnitzler sezierte die Selbstzerstörung einer ganzen Gesellschaft mit dem Blick
des Mediziners. Aber unter ihren diffusen Arbeitsweisen, Stilen und Positionen
scheint das Gemeinsame einer Grundsituation auf, in der sie sich alle befan-
den: Die Monarchie hatte ihre Untertanen in eine Sackgasse manövriert, aus
der es, wie die Geschichte bald zeigen sollte, kein Entrinnen gab; und der
Ausbruch der Kreativität, der sich im Wien um die Jahrhundertwende beobachten läßt, ist daher auch als ein Spektrum von Reaktionen zu lesen, die aus
dem Gefühl der Ausweglosigkeit erwuchsen.

Österreich hatte seine Identität verloren, oder genauer – es hatte diese Identität nie besessen. Das Echo dieser Erkenntnis klingt in allen Werken der Periode
nach, voll ausgesprochen aber hat sie erst ein Autor der nächsten Generation.
Bei Robert Musil lesen wir:

> Man tut heute so, als ob der Nationalismus lediglich eine Erfindung der Armeelieferan-
> ten wäre, aber man sollte es auch einmal mit einer erweiterten Erklärung versuchen,
> und zu einer solchen lieferte Kakanien einen wichtigen Beitrag. Die Bewohner dieser
> kaiserlich und königlichen kaiserlich königlichen Doppelmonarchie fanden sich vor
> eine schwere Aufgabe gestellt; sie hatten sich als kaiserlich und königlich österrei-
> chisch-ungarische Patrioten zu fühlen, zugleich aber auch als königlich ungarische
> oder als kaiserlich königlich österreichische. Ihr begreiflicher Wahlspruch angesichts
> solcher Schwierigkeiten war »Mit vereinten Kräften!« [...] Die Österreicher brauchten
> dazu aber weit größere Kräfte als die Ungarn. Denn die Ungarn waren zuerst und zu-
> letzt nur Ungarn, und bloß nebenbei galten sie bei anderen Leuten, die ihre Sprache
> nicht verstanden, auch für Österreich-Ungarn; die Österreicher dagegen waren zuerst
> und ursprünglich nichts und sollten sich nach Ansicht ihrer Oberen gleich als Öster-
> reich-Ungarn oder Österreicher-Ungarn fühlen, – es gab nicht einmal ein richtiges
> Wort dafür. Es gab auch Österreich nicht. [...] Österreich hieß [...] in der amtlichen
> Sprache »Die im Reichsrate vertretenen Königreiche und Länder«, was natürlich gar
> nichts bedeutete und ein Name aus Namen war, denn auch diese Königreiche, zum
> Beispiel die ganz Shakespeareschen Königreiche Lodomerien und Illyrien gab es
> längst nicht mehr [...]. Fragte man daher einen Österreicher, was er sei, so konnte er
> natürlich nicht antworten: Ich bin einer aus den im Reichsrate vertretenen Königrei-
> chen und Ländern, die es nicht gibt, – und er zog es schon aus diesem Grunde vor, zu
> sagen: Ich bin ein Pole, Tscheche, Italiener, Friauler, Ladiner, Slowene, Kroate, Serbe,
> Slowake, Ruthene oder Wallache, und das war der sogenannte Nationalismus.[7]

---

7   Robert Musil: Der Mann ohne Eigenschaften. In: ders., Gesammelte Werke. Hg. von
     Adolf Frisé. Reinbek bei Hamburg: Rowohlt Verlag 1978, Bd 2, S. 450–451.

Kakanien, ironisch aus dem k. u. k. der Doppelmonarchie gebildet, ist ein Name für das Nichts. Aus solcher österreichischen Bodenlosigkeit erwächst *Der Mann ohne Eigenschaften*, wie Musil seinen Roman nennt, und aus ihr will mit seiner Staatsidee auch Herzl die Juden retten. Wir müssen einen kurzen Blick auf den Grund dieser österreichischen Identitätslosigkeit richten und einige ihrer Symptome benennen, denn sie ist bezeichnend für das dem Untergang geweihte Imperium und zugleich für die Moderne, die in seiner Metropole entsteht.

Im Jahre 1683 wird der türkische Angriff auf Wien zurückgeschlagen, die Ostfront Europas wird von der islamischen Gefahr befreit. Es ist ein Schlüsselereignis, aus der sich die Rolle der Hofburg als Protektor einer traditionellen europäischen Ordnung ableiten ließe, aber schon das ist keine »österreichische« Leistung im eigentlichen Sinn – es war der Polenkönig Jan Sobieski, der Wien gerettet hatte. An der Westfront hatte Spanien den Islam zurückgeschlagen, doch was den Habsburgern dort zur Festigung einer Nation gedient hatte, konnte ihnen in Mitteleuropa nicht gelingen. In Spanien war der Katholizismus identitätsbildend gewesen, in Österreich dagegen repräsentierte er nur eine der Parteien in dem langen Religionskrieg, der Europa im 16. und 17. Jahrhundert aus den Angeln hob. Die Österreicher standen dabei auf der Verliererseite: Max Weber wird den europäischen Austritt aus dem Mittelalter später auf den Protestantismus zurückführen.

Österreich ist der Träger der Gegenreformation in Mitteleuropa, und das bestimmt seine Rolle bis ans Ende. Immer wird es sich mit einer Vergangenheit identifizieren, immer wird es eine imaginäre, längst verlorene Einheit beschwören, und nicht zufällig trägt seine Kultur einen deutlich barocken Charakter.[8] Entscheidend wird das in der Umbruchszeit der Napoleonischen Kriege: Wien ist jetzt der Fokalpunkt des Widerstandes gegen die Revolution, alle Kämpfer für das Untergegangene, für das Ancien régime, finden sich in ihm zusammen; 1814 veranstaltet es den Kongreß, der Europa im 18. Jahrhundert festzuhalten versucht; den Dichtern und Denkern der politischen Romantik bietet es eine Zuflucht; und es stellt sich in das Zentrum einer »Heiligen Allianz«, in der noch einmal alle Schismen der Vergangenheit aufgehoben scheinen.

Bezeichnend ist es, daß weder der Fürst Metternich noch sein Publizist Friedrich Gentz ursprünglich Österreicher waren. Metternich war ein Adliger aus dem Rheinland, dessen Politik auch die gefährdeten Interessen seines Standes vertrat; Gentz war zunächst in preußischen Diensten tätig, ein Verehrer der Französischen Revolution, den erst die Lektüre Edmund Burkes zum Konservatismus bekehrte.

Wie wenig es Metternich um »österreichische« Ziele ging, zeigt das Jahr 1810. Napoleon hatte das Heilige Römische Reich Deutscher Nation vernichtet, er stand auf der Höhe seiner Macht und bedrohte nun auch die Hofburg.

---

[8] Vgl. dazu einschlägig Endre Kiss: Der Tod der k. u. k. Weltordnung in Wien. Ideengeschichte Österreichs um die Jahrhundertwende. Wien: Böhlau 1986 (Forschungen zur Geschichte des Donauraumes ; 8), S. 27–39.

Aber in den Augen des Adels war der Korse nur ein Emporkömmling, und er machte einen überraschenden Vorschlag: Die Habsburger waren die bedeutendste Dynastie Europas, er wollte in sie einheiraten – und Metternich, der damals schon das Sagen hatte, stimmte zu. Dem Mann, der ihm 1806 die deutsche Kaiserkrone genommen hatte, gab Kaiser Franz I. von Österreich jetzt seine Tochter Marie Louise in die Ehe.

Vorwand dieser Politik war die momentane Schwäche der Monarchie, die es zu retten galt. Doch das zeigt auch die Begriffe, in denen Metternich dachte. Zuletzt – als hätte es die Französische Revolution nie gegeben – sah er im Staat nur den Privatbesitz des Herrschers, und wenn es sein mußte, hatte er sich mit Napoleon zu verbinden, dem Usurpator, der eine nie anerkannte Revolution vollstreckte.

Nach dem Fall Napoleons mutierte Marie Louise auf Anraten Metternichs dann bald zur Erzherzogin von Parma und wurde anderweitig vermählt. Zu den Kuriositäten der österreichischen Geschichte aber gehört es, daß am Wiener Hof der Herzog von Reichstadt aufwuchs, der Sohn Marie Louises, und eben auch der Sohn Napoleons: Der Begriff der Legitimität, auf den Metternich sein System baute, war innerlich längst ausgehöhlt.

Österreich war zu einem Anachronismus geworden, der seine Ungereimtheiten nur mit Hilfe eines Polizei- und Spitzelsystems verteidigen konnte. Das brachte seine geistige Elite nicht erst am Ende des 19. Jahrhunderts in Bedrängnis, sondern schon im Vormärz, und als Beispiel sei auf Franz Grillparzers isolierte Stellung nach 1830 hingewiesen. Die Blütezeit des Liberalismus nach 1848 war nur so kurz, weil die Nationalbewegungen, wie Robert Musil es beschreibt, die einzige Alternative zur Identitätslosigkeit waren. Wien, der historische Gegner der Reformation, mußte das 1866 in der Schlacht von Königgrätz mit der Niederlage selbst gegen die deutsche Nationalbewegung bezahlen, an deren Spitze es hätte stehen können: Lange bevor es im Ersten Weltkrieg unterging, verzichtete das Reich der Habsburger auf die Hegemonie im deutschen Sprachraum. Dem protestantischen Preußen und seiner Dynastie der Hohenzollern überließ es die kleindeutsche Lösung.

In die Ausweglosigkeit, der die Autoren des Jungen Wien das Spektrum ihrer Kreativität entgegenstellen, führt ein vielschichtiger Niedergang. Überall hinterläßt er seine Spuren – in dem jüdischen Ausbruchsversuch Theodor Herzls; in der Lehre der Psychoanalyse, die die Verdrängung, eine österreichische Grunderfahrung, zu ihrem großen Thema macht; in den Werken einer vielsprachigen Literatur, die ihren Ursprung in den Ländern der Doppelmonarchie hat: den deutschen Romanen Joseph Roths; den englischen Romanen des Polen Korzeniowski, der als Joseph Conrad berühmt wird; in den hebräischen Romanen des Galizianers Czaczkes, der als Samuel Joseph Agnon 1966 den Nobelpreis erhält.

Auch über den Werken des Jungen Wien liegt eine Stimmung des Endes. Am Beispiel einer Erzählung von Arthur Schnitzler soll das abschließend gezeigt werden.

3

»Wie lange wird denn das noch dauern?« fragt sich der ungeduldige Leutnant Gustl während einer musikalischen Veranstaltung,

> Ich muß auf die Uhr schauen ... schickt sich wahrscheinlich nicht in einem so ernsten Konzert. Aber wer sieht's denn? Wenn's einer sieht, so paßt er gerade so wenig auf, wie ich, und vor dem brauch' ich mich nicht zu genieren ... Erst viertel auf zehn? ... Mir kommt vor, ich sitz' schon drei Stunden in dem Konzert. Ich bin's halt nicht gewohnt ... Was ist es denn eigentlich? ... Ja, richtig: Oratorium? Ich hab' gemeint: Messe. Solche Sachen gehören doch nur in die Kirche. Die Kirche hat auch das Gute, daß man jeden Augenblick fortgehen kann. – Wenn ich wenigstens einen Ecksitz hätt'![9]

Im Jahre 1900 veröffentlicht Schnitzler seine Novelle *Leutnant Gustl*, einen der ersten Texte, der die Technik des inneren Monologs durchgehend anwendet. Nicht zufällig erscheint dieser pausenlose Bewußtseinsstrom des österreichischen Offiziers fast gleichzeitig mit Freuds *Traumdeutung*: Er spült die von einer repressiven Kultur verdrängten Empfindungen hoch, die nur im unhörbaren Selbstgespräch auftauchen können, und er macht diese Kultur als Fassade einer armseligen Innenwelt sichtbar.

In das Konzert ist der Leutnant nur geraten, weil eine Dame, mit der er ein Verhältnis hat, diesen Abend mit einem älteren Herrn verbringen muß, der sie aushält. Gustl vergnügt sich derweil mit dem Anblick anderer Damen. Als das Konzert beendet ist, will er einer von ihnen nacheilen, an der Garderobe aber herrscht ein ärgerliches Gedränge, und es passiert ihm ein Malheur. Während er sein Vorrecht des Offiziers in Anspruch nehmen will, um schneller bedient zu werden, läßt sich das ein Mann, den er aus dem Kaffeehaus kennt, nicht bieten. Es ist ein kräftiger Bäckermeister, dem Alter nach könnte er Gustls Vater sein, und auf seine Weise behandelt er den Leutnant auch durchaus väterlich. Er faßt nach dem Säbel des jungen Mannes, und es kommt zu folgender Szene:

> Ja, was ist denn das? Ja, was macht er denn? Mir scheint gar ... ja, meiner Seel', er hat den Griff von meinem Säbel in der Hand ... Ja, ist der Kerl verrückt? ... »Sie, Herr ...«
> »Sie, Herr Leutnant, sein S' jetzt ganz stad.«
> Was sagt er da? Um Gottes willen, es hat's doch keiner gehört? Nein, er red't ganz leise ... Ja, warum laßt er denn meinen Säbel net aus? ... Herrgott noch einmal ... Ah, da heißt's rabiat sein ... ich bring seine Hand vom Griff nicht weg ... nur keinen Skandal jetzt! ... Ist nicht am End' der Major hinter mir? ... Bemerkt's nur niemand, daß er den Griff von meinem Säbel hält? Er red't ja zu mir! Was red't er denn?
> »Herr Leutnant, wenn Sie das geringste Aufsehen machen, so zieh' ich den Säbel aus der Scheide, zerbrech' ihn und schick' die Stück' an Ihr Regimentskommando. Versteh'n Sie mich, Sie dummer Bub?«
> Was hat er g'sagt? Mir scheint, ich träum'! Red't er wirklich zu mir? Ich sollt' was antworten ... Aber der Kerl macht ja Ernst – der zieht wirklich den Säbel heraus. Herr-

---

[9] Arthur Schnitzler: Leutnant Gustl. In: ders., Gesammelte Werke. Erzählende Schriften. Berlin: S. Fischer o. J. [1918], Bd I, S. 261.

gott – er tut's! ... Ich spür's, er reißt schon dran. Was red't er denn? ... Um Gottes
willen, nur kein' Skandal — Was red't er denn noch immer?
  »Aber ich will Ihnen die Karriere nicht verderben ... Also, schön brav sein! ... So,
hab'n S' keine Angst, 's hat niemand was gehört ... es ist schon alles gut ... so! Und
damit keiner glaubt, daß wir uns gestritten haben, werd' ich jetzt sehr freundlich mit
Ihnen sein! – Habe die Ehre, Herr Leutnant, hat mich sehr gefreut – habe die Ehre.«[10]

Das ist das unerhörte Ereignis der Novelle: Ein Mann fällt dem überheblichen
Leutnant in den Arm und müßte nun nach den anachronistischen Regeln des
österreichischen Offizierkorps zum Duell gefordert werden; der Bäckermeister
aber ist nicht satisfaktionsfähig, und das bestimmt Gustls inneren Monolog in
seinem weiteren Verlauf.[11]

Was die Konfrontation mit dem Bäckermeister für ihn zur Katastrophe werden läßt, ist die Tatsache, daß sie nicht mehr nur ein innerer Monolog gewesen
ist, keine geheime Regung seiner Seele, sondern ein öffentlicher Dialog –
zumindest ein Dialog, von dem Gustl immer befürchten muß, daß der Bäckermeister anderen davon erzählen könnte. Schnitzlers Novelle beschreibt den Ein-
sturz einer Fassade, von der die Verhaltensregeln in der sterbenden Monarchie
abhängig sind. Das ließe sich auf verschiedenen Ebenen zeigen: als Entlarvung
einer gesellschaftlichen Elite und ihrer verlogenen Haltung zur eigenen Kultur;
als Kritik einer Hierarchie, in der sich ein Offizier einem Bäckermeister automatisch überlegen wähnt; als Abrechnung mit einer Sexualmoral, die das bürgerliche Fundament der Monarchie radikal in Frage stellt. Stellvertretend für
vieles andere soll hier herausgearbeitet werden, wie Schnitzler die Identitätslosigkeit eines österreichischen Leutnants sichtbar macht.

Was Gustl in Verzweiflung stürzt, ist der Verlust seiner Ehre. In einer langen Nacht, in der er ziellos durch den Prater läuft, kommt er unweigerlich zur
Entscheidung, daß sein Leben verwirkt sei. Da die Schande, die er auf sich
geladen hat, nicht zu tilgen ist, muß er in den Freitod gehen, und sein Beschluß
hat eine zweiteilige Begründung.

  So ein Kerl wie ich, der dasteht und sich einen dummen Buben heißen läßt ... morgen
  wissen's ja alle Leut' ... das ist zu dumm, daß ich mir einen Moment einbilde, so ein
  Mensch erzählt's nicht weiter ... überall wird er's erzählen ... seine Frau weiß's jetzt
  schon ... morgen weiß es das ganze Kaffeehaus ... die Kellner werd'n's wissen ... der
  Herr Schlesinger – die Kassierin.[12]

Hier wird die Ausweglosigkeit seiner Lage noch mit der Indiskretion des
Bäckermeisters erklärt, und es sei dahingestellt, ob der Leutnant den Charakter
des Mannes richtig einschätzt. Es folgt nun aber auch eine zweite Erklärung,
die interessanter erscheint:

---

[10] Ebd., S. 270–271.
[11] Zu den Ironien der Erzählung gehört es, daß der Leutnant schon ein Duell mit einem
    Gegner verabredet hat, der ihm als Sozialist verhaßt ist; das Duell ist auf den Tag
    nach dem Konzert angesetzt.
[12] Schnitzler, Leutnant Gustl (Anm. 9), S. 276.

Und wenn ihn heut nacht der Schlag trifft, so weiß ich's ... ich weiß es ... und ich bin nicht der Mensch, der weiter den Rock trägt und den Säbel, wenn ein solcher Schimpf auf ihm sitzt! ... So, ich muß es tun, und Schluß! [...] schließlich und endlich: es gibt nichts anderes – für mich nicht, für mich nicht! – Es gibt ja Leut', die's leichter nähmen ... Gott, was gibt's für Menschen! ... Dem Ringeimer hat ein Fleischselcher, wie er ihn mit seiner Frau erwischt hat, eine Ohrfeige gegeben, und er hat quittiert und sitzt irgendwo auf'm Land und hat geheiratet ... Daß es Weiber gibt, die so einen Menschen heiraten! ... Meiner Seel', ich gäb' ihm nicht die Hand, wenn er wieder nach Wien käm' ... Also hast's gehört, Gustl: – aus, aus, abgeschlossen mit dem Leben! Punktum und Streusand drauf![13]

Leutnant Gustl wird nicht handeln wie Ringeimer, der sich ohrfeigen ließ und lieber aus der Armee austrat, als Selbstmord zu begehen: Ein österreichischer Offizier steht für seine Ehre mit dem Leben ein. Zwar verbirgt sich eine kleine, Gustl nicht bewußte Ironie in diesem Vergleich mit Ringeimer – unverzeihlich für den Leutnant ist nicht der Ehebruch, sondern die Ohrfeige, die der betrogene Ehemann dem zweifelhaften Offizier zu Recht gegeben hat –, aber das ganze Ausmaß dieser Ironie erfährt der Leser erst am Schluß. Am Morgen seiner Schicksalsnacht will Leutnant Gustl doch noch einmal frühstücken, bevor er in den Tod geht, und im Kaffeehaus hat der Kellner eine Neuigkeit für ihn:

Ah, gut schmeckt der Kaffee – doch kein leerer Wahn, das Frühstücken! ... Ah, ein ganz anderer Mensch wird man – der ganze Blödsinn ist, daß ich nicht genachtmahlt hab' ... Was steht denn der Kerl schon wieder da? – Ah, die Semmeln hat er mir gebracht ...

»Haben Herr Leutnant schon gehört?« ...

»Was denn?« Ja, um Gotteswillen, weiß der schon was? ... Aber, Unsinn, es ist ja nicht möglich!

»Den Herrn Habetswallner ...«

Was? So heißt ja der Bäckermeister ... was wird der jetzt sagen? ... Ist der am End' schon dagewesen und hat's erzählt? ... Warum red't er denn nicht weiter? ... Aber er red't ja ...

» ... hat heut' nacht um zwölf der Schlag getroffen.«

»Was?« ... Ich darf nicht so schreien ... nein, ich darf mir nichts anmerken lassen ... aber vielleicht träum' ich ... ich muß ihn noch einmal fragen ... »Wen hat der Schlag getroffen?« – Famos, famos! – ganz harmlos hab' ich das gesagt! –

»Den Bäckermeister, Herr Leutnant! [...]«[14]

Schon spürt Herr Leutnant die Freude, aber er will ganz sicher gehen:

[...] Vom Schlag getroffen werden, heißt noch nicht: tot sein ... ich muß fragen, ob er tot ist ... aber ganz ruhig, denn was geht mich der Bäckermeister an – ich muß in die Zeitung schau'n, während ich den Kellner frag' ...

»Ist er tot?«

»Na, freilich, Herr Leutnant; auf'm Fleck ist er tot geblieben.«

O, herrlich, herrlich![15]

---

[13] Ebd., S. 276–277.
[14] Ebd., S. 300.

Eine Pointe dieser Schlußszene liegt darin, daß der Leutnant in der Nacht den Tod des Bäckermeisters schon vorausgedacht hat. »Und wenn ihn heut nacht der Schlag trifft«, heißt es an der oben zitierten Stelle: Das, ganz wörtlich, ist die Nachricht, mit der ihn der Kellner am Morgen erwarten wird, doch in der Nacht hat Leutnant Gustl noch gedacht, »so weiß ich's ... ich weiß es ... und ich bin nicht der Mensch, der weiter den Rock trägt und den Säbel, wenn ein solcher Schimpf auf ihm sitzt«.

Nur war es halt nicht so gemeint, denn Leutnant Gustl ist nicht ehrlos wie Ringeimer, der den Dienst quittiert hat, statt sich umzubringen – er ist noch viel schlimmer: Er bricht das Wort, das er sich als Offizier und Ehrenmann gegeben hat, und er denkt gar nicht daran, seine Uniform auszuziehen. Er überlebt, aber das Bild, das Schnitzlers Held von sich selbst entwirft, ist vernichtend. Nichts war repräsentativer für die Monarchie als ihre Beamtenschaft und ihre Offiziere. Rock und Säbel, die der Leutnant nicht entehren wollte, waren ihre Hoheitszeichen, und als der neue Tag die Hohlheit ihres Ehrenkodex preisgibt, geht lange vor seinem historischen Ende auch ein ganzes System zugrunde.

Nicht Leutnant Gustl hat schließlich auf Rock und Säbel verzichten müssen, sondern sein Erfinder. Als Arzt war auch Arthur Schnitzler ein Offizier in Österreichs Armee: Nach dem Erscheinen der Novelle wurde er von einem Ehrengericht degradiert.

---

[15] Ebd., S. 301.

Robert S. Wistrich

Karl Kraus – Prophet or Renegade?

Karl Kraus was one of the most colourful, controversial and explosive personalities to emerge in Habsburg Vienna at the beginning of the twentieth century. He was an original figure even in a period where Jewish genius flourished as never before in Viennese music, theatre, literature, the social sciences, medicine, psycho-analysis, physics, chemistry and biology. Not even the nightmare of Hitler's Holocaust has been able to extinguish that brilliant cultural achievement of Viennese Jewry during the »Gay Apocalypse«.[1] There was however another dimension to this »Golden Age«, intimately connected with the ever-present »Jewish question« in fin-de-siècle Vienna, which Kraus's *œuvre* can help us to illuminate. This darker side was the psychological and social sickness of Jewish self-loathing which Kraus's relentless attacks on his co-religionists have often been said to illustrate. Such has been the acrimony aroused by Kraus's ferocious attitude towards his fellow Jews that some would doubtlessly question the validity of approaching him as a »Jewish« intellectual at all. But even if one can agree that Kraus was first and foremost a German-Austrian *littérateur*, it is important to examine the influence of his Jewishness on the creativity and self-definition of Vienna's foremost satirist. His own preoccupation with the »Jewish problem« is proof enough for the pertinence of such an approach. Any analysis, however, will quickly have to face the seemingly intractable gulf between admirers who see in Kraus a worthy descendant of the Hebrew prophets (in condemning the »corrupt« Judaism of his age) and those who view him as a pathological example of *Jüdischer Selbsthaß*. Was Kraus essentially a prototype of the idealistic non-conformist Jew – a dedicated truth-seeker, rebelling against dogma and prejudice?[2] Or was he the eternally quin-

---

[1] See Stefan Zweig: The World of Yesterday. New York: Viking Press 1943, for the optimistic view of pre-1914 Vienna as the »Golden Age of Security«.

[2] For this viewpoint, see Caroline Kohn: Karl Kraus. Le Polémiste et l'Écrivain. Défenseur des Droits de l'Individu. Paris: Didier 1962 (Germanica; 3), p. 100–101. Also Hans Weigel: Karl Kraus oder Die Macht der Ohnmacht. Versuch eines Motivenberichts zur Erhellung eines vielfachen Lebenswerks. Wien: Molden 1968 (Glanz und Elend der Meister), p. 95–104. A useful biography is Paul Schick: Karl Kraus in Selbstzeugnissen und Bilddokumenten. Reinbek: Rowohlt 1965 (Rowohlts Monographien; 111). The best critical account is by Edward Timms: Karl Kraus, Apocalyptic Satirist. Culture and Catastrophe in Habsburg Vienna. New Haven, London: Yale University Press 1986.

tessential, anti-Jewish Jew who rejected the »Jewish« elements in his personality, projecting them outwards in harsh and unfair diatribes against his co-religionists?[3] Neither of these interpretations is necessarily as incompatible as it might seem either for Kraus or other comparable Jewish intellectuals who have been artistically or intellectually creative in the twentieth century. One might also argue that Kraus was afflicted less by self-hatred than by the »desire to liberate the self from compromising afflictions«.[4] This compulsive need drove him to cleanse his identity of all those »negative characteristics« he associated with Jewry, as part of his road to personal redemption.

Karl Kraus was born on April 28, 1874 in the town of Jišín (in present-day Czechoslovakia), the second youngest of ten children. He moved to Vienna with his parents (his father Jacob Kraus was a paper manufacturer) when he was three years old, where he attended school, and briefly university. His first important work, *Die demolierte Literatur* (Literature Demolished), written at the age of 23, was a satire of the literary circle of *Jung Wien* (»Young Vienna«), centred on the legendary Café Griensteidl. Among the major targets of his critical pen were such promising writers as Hermann Bahr, Hofmannsthal, Schnitzler, Leopold von Andrian and Felix Salten. Kraus reproached them for literary dilettantism, for easy-going superficiality and pandering to the clichés of modernist fashion. This literary début foreshadowed an unceasing preoccupation with what he denounced as the lack of moral seriousness in Viennese literary production. In his own self-appointed role as destroyer of inflated reputations and intellectual pretentiousness, Kraus waged a campaign that soon mutated into a fanatical literary crusade. Though most of the writers of *Jung Wien* whom he criticized were of Jewish origin, Kraus did not immediately connect the »Jewish spirit« with corruption in literature, journalism and public morality. But the close links in Austria between the press, the banks and industrial capital – much of it in Jewish hands – soon became a major theme of denunciation in his work.[5]

Eine Krone für Zion was Kraus's second publication – a short pamphlet, directed by the satirist against Herzl and the new idea of political Zionism. It appeared early in 1898 and employed a particularly harsh anti-Zionist tone. Like most of the Jewish community in *fin-de-siècle* Vienna, Kraus regarded Zionism as an ephemeral and misguided reaction against xenophobic racism, one which could only exacerbate and vindicate anti-Semitic nationalism among Gentiles.[6]

---

[3]   See Wilma Abbeles Iggers: Karl Kraus. A Viennese Critic of the 20th Century. The Hague: Nijhoff 1967, p. 180–183; Theodor Lessing: Der jüdische Selbsthaß. Berlin: Jüdischer Verlag 1930; also Ritchie Robertson: The Problem of Jewish Self-Hatred in Herzl, Kraus and Kafka. In: Oxford German Studies 16 (1985), p. 81–108, here p. 92.

[4]   Timms, Karl Kraus (note 2), p. 237.

[5]   See Jacques Bouveresse: L'Actualité de Karl Kraus. In: Austriaca, No. 49 (December 1999), p. 25–29. Names like Rothschild, Taussig, Gutmann and Karl Wittgenstein feature prominently in his attacks on big capitalists.

[6]   Karl Kraus: Eine Krone für Zion. Wien: Frisch 1898. In this booklet written shortly after the First Zionist Congress, he claimed that Zionists responded to the anti-

Kraus mocked the philanthropy of bourgeois Jews who espoused the Jewish national cause, arguing that Zionism had no prospect of providing a practical solution to the material distress of the poor Jews in Galicia. Nor was it likely to alleviate the boredom of coffee-house literati in Vienna.

Kraus wrote his polemic as if Zionism was merely another fad, invented by *Ringstrasse* dandies like Herzl, whom he despised not only as a Jewish nationalist and a *littérateur* of the Young Vienna school, but also as a journalist of the powerful *Neue Freie Presse*. He could see no virtue in a nationalist philosophy, which he accused of trying to make »hooked noses meritorious« and which offended his utopian belief in total assimilation. Though not even a socialist at the time, Kraus sarcastically suggested that the Jews would not arrive dry-shoed in their »Promised Land«. Another »Red Sea«, that of Social Democracy, would bar their path. He appeared to believe that only Socialism and certainly not Western bourgeois Zionism, could save the Jewish masses of Eastern Europe from destitution and despair.

With the foundation of his literary review, *Die Fackel* (The Torch) in April 1899, Kraus began his unique career as a one-man literary guerilla organisation and unofficial »Censor Germaniae« in Habsburg Austria.[7] From the outset, he saw the mission of *Die Fackel* as a massive cleansing operation to expose the literary, social and political corruption of a decaying Empire. In a series of savage assaults on prevailing clichés and taboos, bureaucratic *Schlamperei* (slovenliness) and hypocritical morality in Austria, Kraus established himself as a prophet, prosecutor and judge wrapped into one. Though his prime targets were rampant commercialism and a sensationalist press, he spared no institution, personality or political party. He excelled in seizing on concrete and tangible abuses, weaving them into a mosaic of indignant parody.[8] This method proved, however, to be questionable, leading to highly partisan conclusions and the confusion of symptom and cause. In his treatment of the »Jewish question« (always seen from the local Viennese perspective) there was often a disturbing lack of common sense and political judgement.

At the heart of Kraus' polemical assault on Jewry lay the complaint that it represented a dominant elite in Vienna, in the arts and sciences, the press, commerce, banking or industry. It was a perception he stubbornly maintained despite the rise of Karl Lueger's Christian-social movement – whose decisive

---

Semitic slogan »Hinaus mit den Juden!« (»Throw the Jews out! «), with the words: »Ja, hinaus mit uns Juden!« (»Yes, throw us Jews out! «). See Karl Kraus: Frühe Schriften, 1892–1900. München: Kösel 1979, vol. 2, p. 312.

[7] Perhaps the closest parallel to Kraus was another Jewish satirist, Maximilian Harden, whom he initially admired, but later ferociously attacked. Harden, along with Paul Rée, Walter Calé, Max Steiner, Otto Weininger and Arthur Trebitsch, were subjects of Theodor Lessing's notorious indictment, *Der jüdische Selbsthass* (note 3). See the review by Julius H. Schoeps: Haß auf die eigene jüdische Herkunft. In: Die Zeit, No. 5 (25 January 1985), p. 15.

[8] Bouveresse, L'actualité de Karl Kraus (note 5), p. 10–36.

victory in 1897 in effect exposed Jewish vulnerability, the huge impact of gutter anti-Semitism on the Austrian lower classes – and the limits of Jewish political influence. When Kraus began publishing *Die Fackel* in 1899, Lueger had already been Mayor of Vienna for two years. Though Lueger's anti-Semitism became somewhat muted after he took office, one could hardly pretend that the position of Austrian Jewry was entirely secure. Kraus, however, like other »anti-Semitic« and anti-Zionist Jews, was not interested in the objective balance of political forces or the real dangers that confronted the Jewish community. He judged his co-religionists by the standards of an »absolute« ethic which few of his contemporaries could possibly be expected to meet. Himself an agnostic Jew (he had formally left the *Kultusgemeinde* in 1899), Kraus nonetheless felt responsible for all the »sins of Israel«, which in the anti-Semitic atmosphere of *fin-de-siècle* Vienna represented a never-ending source of vilification.[9]

Having internalized the jaundiced outlook of his surroundings, Kraus sought to eradicate the Jewish component in his own personality by waging war on an imagined »Jewish« spirit, transformed by his own misplaced eloquence into a demonic power. In contrast to his tragic contemporary, Otto Weininger, Kraus was however able to concentrate his Judeo-phobic proclivities against a concrete phenomenon – the all-powerful Viennese press.[10] The fact that the liberal and socialist press in Austria was largely written, edited and controlled by Jews turned into an observation that Kraus inflated to almost apocalyptic dimensions, much to the delight of the antisemites. »Jewish journalism« in the Krausian *oeuvre* virtually became a code word for the falsification of values, inauthenticity of form, the cynical deformation of truth and rapacious capitalist egoism. This was not far from the position of the Austrian Social Democrats – especially the Jews among them. However, the ethical and aesthetic standards which Kraus himself espoused reflected the pre-capitalist and pre-industrial age of the Austrian *Biedermeier* more than the historical materialism of Marx.

Kraus consistently wrote as if the bourgeois-capitalist principle of »Judaism«, as it operated in Vienna, had appropriated and crippled any genuine literature or spontaneous feeling. At the same time, though he hardly admired

---

[9] Hans Tietze: Die Juden Wiens. Geschichte, Wirtschaft, Kultur. Wien, Leipzig: Tal 1933, p. 266.

[10] Weininger's moral absolutism as well as his »Jewish« anti-Semitism did, however, influence Kraus. See Otto Weininger: Geschlecht und Charakter. Eine prinzipielle Untersuchung. Wien: Braumüller 1903 and Hans Kohn: Karl Kraus, Arthur Schnitzler, Otto Weininger. Aus dem jüdischen Wien der Jahrhundertwende. Tübingen: Mohr 1962 (Schriftenreihe wissenschaftlicher Abhandlungen des Leo Baeck Instituts; 6), p. 47–48. See also Gerald Stieg: Kafka and Weininger. In: Jews and Gender. Responses to Otto Weininger. Ed. by Nancy A. Harrowitz and Barbara Hyams. Philadelphia: Temple University Press 1995, p. 195–206. Kraus in the early 1900s became a conscious advocate of Weininger against defamation by the liberal bourgeois press. A similar attitude can be found in the philosopher Ludwig Wittgenstein. Allan Janik: Kraus, Wittgenstein et la philosophie du langage. In: Austriaca, No. 49 (December 1999), p. 67–84.

the clerical and anti-Semitic gutter-press in Austria, he considered it less danger-ous than liberal journalism precisely because it epitomised primitive and ple-bian values. The »Jewish« liberal press, precisely because it was more skillful, persuasive and outwardly »progressive« than its rivals, was more harmful and corrupt in its effects. In an early issue of *Die Fackel* Kraus declared: »There are two beautiful things in the world: to belong to the *Neue Freie Presse* or to despise it. I did not hesitate for a moment, which choice I should make.«[11] The *Neue Freie Presse*, Vienna's leading newspaper (edited by two Germanophile Jews, Moritz Benedikt and Eduard Bacher) would remain the prime target of Kraus's unquenchable critical rage. For him it was the arch-symbol of Vien-nese duplicity, embodying its worship of commercial values, sensationalist journalism and the impressionist superficiality of the *feuilleton*. Kraus' anger was especially aroused by repeated claims of liberalism to represent virtue, wisdom and refined things of the »spirit«. This was the counterfeit way to wrap its stock-exchange venality in the mantle of culture.[12] The mere fact that the *Neue Freie Presse* was becoming alarmed at the rise of Austrian anti-Semitism seemed reason enough for Kraus to regard this movement with some degree of benevolence. Indeed, he was fond of castigating the *Presse* for re-garding any critic of its economic interests as being an antisemite on a par with Lueger, Schneider and Gregorig. Kraus repeatedly declared that predatory capitalism linked to »Jewish corruption« in the stock-exchange and press was *the* primary cause of Austrian anti-Semitism. In other words, the Jews of Vienna were largely to blame for the crisis in which they found themselves around 1900. The scandal, sensation and graft with which they had become associated, legitimised anti-Semitic prejudices and made them respectable.

Kraus's attitude to the Dreyfus Affair and the Hilsner ritual murder case in Bohemia (1899) followed a similar pattern, markedly influenced by the stand-point of the *Neue Freie Presse* and the liberal press. The pro-Dreyfus attitude of Austrian liberals, for example, induced Kraus to launch a venomous assault on the Dreyfusards, the »partiality« of Jewish journalists, as well as criticising communal leaders and rabbis in Austria. He accused the *schmocks* of the Vien-nese press of inventing the »fairy-tale« of a Jesuit-military conspiracy against Dreyfus, to defend their own stock-exchange rapacity! They were »hired scribblers« who tried to mobilise Austrian public opinion against the »iniqui-ties« of the French army, while whitewashing the barbarities of the Habsburg political system and its upper classes. He concluded that »[...] even the brutal disregard of an individual's fate in the name of a higher goal will always show

---

[11] See Werner Kraft: Karl Kraus. Beiträge zum Verständnis seines Werkes. Salzburg: Müller 1956, p. 20.

[12] This animus against liberal capitalist journalism continued in Kraus's campaign after 1918 against the newspapers of the Hungarian-Jewish press baron in Vienna, Em-merich Bekessy. For an illuminating discussion see Edward Timms: The Kraus-Bekessy Controversy in Interwar Vienna. In: Austrians and Jews in the Twentieth Century. Ed. by Robert S. Wistrich. New York: St. Martin's Press 1992, p. 184–198.

itself to be more humane than the rage for truth of agitated frequenters of the stock exchange«.[13]

Not by accident *Die Fackel* was the only German or Austrian journal to publish the anti-Dreyfusard articles of the veteran German socialist Wilhelm Liebknecht, who (like Kraus) treated the Dreyfus campaign as a conspiracy of the liberal and Jewish press which would only nourish anti-Semitism.[14] Equally Kraus was able to exploit the fact that the two foremost Zionist leaders of the era, Theodor Herzl and Max Nordau, defended Dreyfus in their journalistic work. This was further confirmation in his eyes that Zionism and the Dreyfusard cause were equally tainted by selfish Jewish interests and special pleading. In *Die Fackel* Kraus sarcastically observed: »Between Basle and Rennes surges the thousand year-old affliction of Jewry, and both here and there, prophets lie in wait, who calculate the pathos of this world by the line.«[15]

Kraus's response to the Hilsner »blood libel« in Polna (Bohemia) in 1899, where a hapless Jewish shoemaker's assistant was wrongly condemned to death (later commuted to life-imprisonment) for »ritual murder« afforded another blatant example of his own prejudices. *Die Fackel* completely trivialised the sickening anti-Semitic agitation in Bohemia and Vienna which had swelled up around the Hilsner Affair. Kraus did not merely proclaim his indifference to the »blood libel« per se, but contemptuously castigated the liberal press for wasting its time over the fate of a single degraded individual. He accused the *Neue Freie Presse* in its coverage of the Hilsner case of implying that any Jew convicted by an Austrian court must a priori be innocent.[16] This was a decidedly perverse position for a defender of the rights of the individual to adopt. Evidently, Kraus's strong sense of moral indignation rarely extended to cases where it was a Jew who fell victim to palpable injustice.

When anti-Semitic riots broke out in Bohemia in 1899 as a result of the Hilsner Affair, Kraus made his own position clear by blaming the stock exchange and »ghetto Jews« for provoking popular wrath. In *Die Fackel* he concluded:

> Only a courageous purge of the ranks and the laying aside of the characteristics of a race, which through many centuries of dispersion has long ceased to be a nation, can bring the torment to a stop. Through dissolution to redemption![17]

---

[13] Die Fackel, No. 15 (August 1899), p. 7.

[14] Die Fackel, No. 19 (October 1899), p. 1–12, and Wilhelm Liebknecht: Nachträgliches zur Affaire. In: ibid., No. 41 (June 1900). Liebknecht's articles were translated and quickly published in French by the intensely anti-Semitic *L'Action Française*. For the wider context see Sigurd Paul Scheichl: Réactions autrichiennes à l'affaire Dreyfus. In: Austriaca (June 1986), Special Number: Relations franco-autrichiennes, 1870–1970, p. 241–259. Also James F. Brennan: The Reflections of the Dreyfus Affair in the European Press 1897–1899. New York: 1998, p. 213–266 for the Austrian media as a whole.

[15] Die Fackel, No. 15 (August 1899), p. 3.

[16] Ibid., No. 59 (November 1900), p. 1–5.

[17] Ibid., No. 23 (November 1899), p. 7.

Kraus did not identify with the assimilated Viennese bourgeois Jews indifferent to the plight of the *Ostjuden*, but was convinced that »ghetto Judaism« like the Jewish national renaissance was irrevocably doomed.[18] By the same token, he was determined to downplay Austrian anti-Semitism, despite the inebriated Christian-social ruffians who periodically roamed Jewish districts in Vienna looting shops, breaking windows, insulting or beating up Jews. Kraus's most famous aphorism on the subject of anti-Semitism was recorded in 1913. It can only be termed witty if one is willing to abstract oneself completely from Viennese social and historical reality. »Antisemitismus heißt jene Sinnesart, die etwa den zehnten Teil der Vorwürfe ernstmeint, die der Börsenwitz gegen das eigene Blut parat hat.« (Anti-Semitism is that disposition that seriously means about a tenth of the reproaches which Jewish stock-market humour is prepared to use against those of its own blood.«)[19]

The young Kraus repeatedly voiced concern about »Jewish characteristics« (*Eigenschaften*), which he feared might retard the *Selbstauflösung* (self-dissolution) that he resolutely advocated. In July 1899, for example, he wrote in *Die Fackel*: »[...] despite every respect for the equality of all faiths: oriental enclaves in European civilisation are a nonsense.«[20] He continued to believe that there should be no place for those Jews who obstinately clung to their traditions, religion, customs and the Yiddish language – which he considered the trademark of the *Ghettomensch*. This radical view of assimilation explains his antipathy to Zionism which had the *chutzpa* to revive a nation whose historical role was exhausted. Kraus's ethnic death-wish was well expressed in the following lines, written in 1899:

> Zionism may seem a less ridiculous aspiration when propagated amongst Eastern Jews or when it sends its victims from the puddle of Galician culture directly to the Palestinian settlements. But in Central Europe it offers the unpleasant spectacle of clumsy hands scratching at the 2000 year-old grave of an extinct people.[21]

For an »extinct people«, the Jews were of course stirring up a remarkable amount of controversy in Austria and beyond. Kraus's own preoccupation with the issue was evidence enough that the corpse was alive and kicking! Among the »clumsy hands« busy reviving the extinct body in Vienna was the Zionist leader, Theodor Herzl, whom Kraus bitingly referred to in *Die Fackel* as »King Herzl I« or as »King of the Jews«. Kraus was tireless in lampooning Herzl's

---

[18] Kraus, Eine Krone für Zion (note 6), p. 298–314. The third edition was published in 1908. Subsequently, Kraus did not include it in his collected works, admitting in 1924, that most of what was in it he would no longer »say in the same way« (»Ich bekenne«, Die Fackel, No. 657–667 [August 1924], p. 165–168).

[19] Die Fackel, No. 381–383 (September 1913), p. 70. In this same essay of 1913, Kraus claimed not to know what »Jewish characteristics« were and confessed that »as far as race is concerned, I am at a loss.«

[20] Die Fackel, No. 8 (July 1899), p. 5.

[21] Ibid., p. 6.

literary efforts in the *Neue Freie Presse*, sarcastically portraying him as a perfumed dandy and mock-caricature of a Jewish messianic leader: »[...] the clothes which he rents out of grief for his people, have been ordered from the most worldly tailor [...].«[22]

Kraus first expressed his aversion to Herzl when reviewing his play *Das neue Ghetto* (»The New Ghetto«) whose premiere was held at the Carl-Theater in Vienna in early 1898. Ironically (given Kraus's own outlook) he regarded Herzl's highly critical picture of the Viennese stock-exchange milieu not merely as being overdrawn, but even as decidedly anti-Semitic in tendency. Kraus admitted that the play's intention was to combat prejudice from an »honest national-Jewish standpoint«, but he nonetheless charged that Herzl was reinforcing anti-Semitism by portraying such corrupt Jewish protagonists.[23] In the very first sentence of his review there is already a satirical reference to the »King of Zion«.[24] Kraus's pamphlet of 1898, *Eine Krone für Zion*, would continue this mocking allusion. Subsequently, in *Die Fackel*, Kraus gleefully commented on the stylistic lapses of Herzl, and his dual role as a feuilletonist and Zionist leader, which obliged him to earn his living with the *Neue Freie Presse*. Scathingly, he observed that politics was clouding Herzl's literary judgement:

> Herr Herzl's head has swollen and he believes that as a literary guardian he is only allowed to promote those young striplings who were clever enough to mould a Zionist world view for themselves [...].[25]

Hence Kraus could particularly delight in denigrating such youthful protégés of Herzl as Stefan Zweig (mocked for displaying a »pygmy talent for form«), who did not even begin to approach the genius of prodigies like Hugo von Hofmannsthal, the epitome of the »cultivated Central European«.[26]

> It is an effrontery, which one cannot let even a King of the Jews get away with quietly, to name these poor devils in the same breath as Hugo von Hofmannsthal. One does not need, prattles Herzl, to discover the »great poets«. On the contrary, their success during their lifetimes embarrasses them [...]. If Herr Herzl should some day happen to find the throne of Jerusalem occupied, he will always find a position as a court fool there.[27]

---

[22] Ibid., No. 5 (April 1899), p. 7–8. Also: Achtung vor dem König von Zion. In: ibid., No. 80 (June 1901) and No. 91 (January 1902), p. 11–12. After reading Herzl's Diaries for the first time in the early 1920s, Kraus regretted the violence of his attacks and conceeded that he had misjudged the founder of modern Zionism. He called him »an imcomparably superior figure to the associates of his journalist years, whom unfortunately, he did not possess the royal power [to which his features seemed to testify] to renounce with a manifesto of disdain« (Die Fackel, No. 649–656 [June 1924], p. 138).

[23] Karl Kraus: Wiener Chronik. In: Die Waage, 15 January 1898, included in: id., Frühe Schriften (note 6), Vol. 2, p. 151–157.

[24] Ibid.

[25] Die Fackel, No. 88 (December 1901), p. 11–18, »Der Zerrissene: (causa Herzl contra Nestroy)«, for his literary attack on Herzl.

[26] Ibid., No. 157 (March 1904), p. 23 for a polemic against Herzl's efforts to claim young Viennese poets and writers for the Zionist cause

[27] Ibid.

Such mockery and derision was typical of Kraus's approach to Herzl. It is however doubtful if the Zionist leader ever read these satires.[28] Nonetheless he was certainly aware of the merciless ridicule to which he was subject as the new »King of the Jews«. This was a fate he commented on extensively in his diaries. These same diaries also testify to Herzl's bitterness at his own treatment by the editors of the *Neue Freie Presse*, especially Moritz Benedikt. Though Kraus was unaware of this situation, Herzl to some extent shared the satirist's harsh view of his employer.

Karl Kraus was blinded to this facet of Herzl's life by the Zionist leader's prominent position in the *Neue Freie Presse*. This position automatically seemed to make Herzl part of that influential »Jewish clique« which Kraus denounced for manipulating Austrian public opinion through the press. Kraus railed against these liberal journalists as the »officious representatives of capitalism«, and they remained the prime target of his criticism.[29] His hatred of the liberals soon brought him some strange bedfellows. They included the mystical prophet of Austrian racism, Lanz von Liebenfels, who subscribed to *Die Fackel* and admiringly referred to Kraus as a »blond Jew«.[30] Another contributor to the journal around 1900 was Houston Stewart Chamberlain, the expatriate Englishman then living in Vienna, whose best-selling anti-Semitic magnum opus, the *Foundations of the Nineteenth Century* strongly appealed to Kraus.[31] The fact that these two openly racist philosophers (who helped to form Adolf Hitler's world-view) had such warm regard for Kraus already suggests the extent of his complicity in the success of Austrian anti-Semitism.

Kraus's defence of pseudo-philosophical anti-Semitism as espoused by Houston Stewart Chamberlain found its most detailed exposition in July 1904. It emerged in the context of a positive evocation of Otto Weininger – the young Viennese thinker who had committed suicide only nine months earlier. Kraus tried to distinguish between a »higher« intellectual anti-Semitism (of which he approved) and lower »street forms« of anti-Semitic expression which he despised.

> It is true that I decided in *Die Fackel*, whose fight against corruption cannot easily be accused of being »Jewish«, that the philosopher Weininger converted by conviction to Christianity and representing German idealism, was far more »German« than many Germans of Jewish spirit [...].«[32]

---

[28] There is no mention of Karl Kraus in any of Herzl's writings, correspondence or diaries. See Gerald Krieghofer: The Case of Kraus versus Herzl. In: Theodor Herzl and the Origins of Zionism. Ed. by Ritchie Robertson and Edward Timms. Edinburgh: Edinburgh University Press 1997 (Austrian Studies; 8), p. 107–121. Krieghofer points to some interesting parallels between Herzl and Kraus despite the hostility of the latter to Zionism.

[29] Die Fackel, No. 6 (May 1899), p. 18–27.

[30] Ibid., No. 386 (19 September 1913), p. 3.

[31] For Houston Stewart Chamberlain's article on Mommsen and on »Catholic Universities«, see: Die Fackel, No. 92 (November/December 1901), p. 1–32 and No. 94 (January 1902), p. 11. Also Timms, Karl Kraus (note 2), p. 238–240.

[32] Die Fackel, No. 165 (July 1904), p. 19.

However, according to Kraus, narrow and partisan minds had failed to see that

> [...] one can radically criticize the Judaism of Disraeli and company, while admiring
> the authentically German culture of a Heine and a Ferdinand Lasalle; and that one
> should not confuse the absolute rejection of Judaism (i. e. scientific and intellectual
> anti-Semitism) with the anti-Semitism of brawlers generally moved by nothing but
> material envy or reactionary clericalism. The Jewish party sees things more lucidly:
> it is not plebeian anti-Semitism which it fears [...] but the intellectual and higher
> anti-Semitism of a Houston Stewart Chamberlain.[33]

Kraus endorsed the fundamental assumption of Chamberlain that »Jerusalem«,
along with »Rome«, was an arch-enemy of Christian-Germanic culture. Indeed,
Kraus insisted that the slippery, elusive and ubiquitous Jews were an even more
powerful and dangerous enemy to German culture than the Catholics. Today,
they might be »dressed for court«, tomorrow draped in a »red flag«; whether as
the »lackeys of princes« or »apostles of freedom«, whether as bankers, parlia-
mentarians, professors or journalists, Jews had a dangerously »disintegrating«
effect on modern civilization.[34] In his essay »Er ist doch a Jud« (1913) Kraus
elaborated further on his own »higher anti-Semitism«, declaring:

> [...] I feel as if with the overwhelming force of a revelation, that I am entirely free of
> all those characteristics of the Jews, which in the present state of affairs we may by
> common consent identify [...].[35]

He added that he could truly say of himself that:

> [...] I go along with the development of Jewry as far as the Exodus but can no longer
> participate in the dance around the Golden Calf [...].[36]

On 8 April 1911 Kraus entered the Roman Catholic Church (he would leave it in
March 1923), though he remained publicly silent about his baptism.[37] Although
he never officially defended Christian values, Kraus did for a while admire the
Christian-Social Mayor of Vienna, Karl Lueger, who he hoped would purge the
city of its »corrupt liberalism« and its »Jewish« press domination. The flirtation
with Lueger (like all Kraus's political ventures) was brief and ended in disillu-
sionment.[38] In November 1900 he already regretted the fact that Moritz Benedikt, the *Neue Freie Presse*, the Rothschilds and the Viennese Jewish community

---

[33] Ibid. Kraus at this time referred to his own outlook as »ehrlich and arisch«, »hon-
ourable« and »Aryan«, thereby embracing Chamberlain's view that the conflict between »Aryans« and »Semites« was spiritual and ideological rather than biological.

[34] See Timms, Karl Kraus (note 2), p. 238f.

[35] Die Fackel, No. 386 (October 1913), p. 3.

[36] Ibid.

[37] Timms, Karl Kraus (note 2), p. 241 points out the irony of how »unchristian« the
tone of Kraus's satire remained and the vigour of his campaigns against Christian attitudes to sex and morality. It is not clear what it was in Catholicism (if anything)
which might have attracted him.

[38] Die Fackel, No. 40 (May 1900), p. 1–9.

appeared to »feel very comfortable under Lueger's regime«.[39] His scornful conclusion was that »there is only one partisan anti-Semitic lie: namely that all Jews
are clever people [...]«.[40] He was highly critical of Lueger for having failed to
tame the Jewish business class and for making his peace with the Rothschilds,
following his election as Mayor of Vienna. This accommodation confirmed his
opinion that Austrian anti-Semites no more intended to solve the »Jewish problem« than they would root out capitalist corruption in general.[41]

Kraus was equally disillusioned with the *embourgeoisement* of the Viennese
Social Democrats, whom he had initially regarded as a potential ally. After 1900
he complained that they were unreliable supporters in the struggle against the
liberal press. With irritation he remarked that the socialist *Arbeiter-Zeitung* was
being read in those Jewish bourgeois homes, where *Die Fackel* was banned.[42]
Only during the First World War was there the beginning of a rapprochement
which continued in the early years of the First Republic. It was made possible by
a common loathing for militarism, capitalist corruption and class justice. In the
1920s this intimacy was made easier as the Austro-Marxists began to embrace
the cause of cultural modernism. The *Arbeiter-Zeitung* defended, for example,
artistic innovators such as the architect Adolf Loos (a close friend of Kraus),
Schoenberg's atonal music as well as controversial, revolutionary intellectuals
like Otto Neurath and Wilhelm Reich. The Social Democrats even arranged for
Kraus to give public readings to working-class audiences. Nonetheless he remained critical of their cultural aspirations and efforts to bring bourgeois operet-
tas to the masses. The *Kulturpolitik* of the Socialists reminded him too much of
methods previously employed by Austro-liberalism.[43]

Kraus's violent campaign against the Hungarian-Jewish press magnate, Imre
Bekessy, who epitomised journalistic and financial corruption in post-1918
Vienna, brought his relations with the Social Democrats (who had remained
neutral in this crusade) to a low ebb.[44] By the end of the 1920s he had become a
fierce opponent of the passivity and equivocating rhetoric of Otto Bauer and the
entire Austro-Marxist leadership, foreseeing the paralysis that would lead to its
political demise in 1934. These differences did not, however, extend to the »Jewish Question«, where Kraus often adopted a viewpoint similar to that of Friedrich Austerlitz, the acerbic editor of the socialist *Arbeiter-Zeitung*. Austerlitz,
like Kraus, was a Bohemian-born Viennese Jewish intellectual, who well before

---

[39] Ibid., No. 32 (February 1900), p. 23.
[40] Ibid.
[41] Ibid., p. 22 23.
[42] Ibid., No. 40 (May 1900), p. 5.
[43] For the complex story of Kraus's relations with the Social Democrats, see Alfred
Pfabigan: Karl Kraus als Kritiker des Austromarxismus. In: Karl Kraus in neuer Sicht /
Karl Kraus in a New Perspective. Hg. von Sigurd Paul Scheichl und Eduard Timms.
München: Edition Text + Kritik 1986 (Kraus-Hefte: Sonderband; 1), p. 235–54.
[44] Timms, The Kraus-Bekessy Controversy in Interwar Vienna (note 12), p. 190ff. points
out that the Social Democratic Party was deeply compromised in the Bekessy affair.

the First World War, had lashed out against what he regarded as the »Judaization« of Austrian public life.[45] Both Austerlitz and Kraus sought to turn the tables on the anti-Semites through ridicule and the deconstruction of their racist discourse. Nevertheless, their campaigns against corruption did not always draw a clear enough line between business malpractice and Jewish identity.

One cannot claim that Kraus' assault on the worship of Mammon and other abuses in Austrian society (slovenly bureaucracy, pervasive nepotism, double standards or sexual hypocrisy) deliberately set out to stigmatise the Jewish minority as such. They were motivated by other factors such as the intransigent pursuit of truth at all costs. This truth was above all revealed by language. Mastery of linguistic form was the closest that one could ever hope to come to objective and ultimate knowledge.[46] In that respect, Karl Kraus was a *Sprachmystiker* who equated word and essence, seeing in language the »divining-rod« of thought. This preoccupation with the written and spoken word made him hyper-sensitive to the threat to its integrity contained in the ever-expanding influence of the modern commercial press. Abuse of the word was treated by Kraus as an act of vandalism and sacrilege.[47] Precisely because he blamed »Jewish« influence on the Viennese press for such debasement, Kraus's prophetic rage against modern civilization assumed an anti-Semitic colouring.[48]

Karl Kraus set out to purge his »linguistically decadent« epoch with the weapons of wit, satire and grammar (*Sprachlehre*). In pursuing this crusade he accused a whole range of Jewish writers and journalists in Vienna of enacting a daily »pogrom« against his idealized vision of the German language. He paid less attention to the far more striking linguistic barbarities of the German nationalist and anti-Semitic press. It was Theodor Lessing (himself an example of Jewish self-hatred) who pointed to one of the more striking ironies behind Kraus's obsession with journalism, language and the word. »He hates the sacrilege of the Word and uses millions of words to praise the chaste bliss of the holy Silence.«[49] Kraus's repeated attacks on the supposedly »Jewish« character of Viennese cultural and linguistic decadence represented the darker side of his passion for the »Word«. However, this passion was not without similarities to the tradition of Eastern Jewish mysticism and

---

[45] Robert S. Wistrich: Socialism and the Jews. The Dilemmas of Assimilation in Germany and Austria-Hungary. Rutherford et al.: Fairleigh Dickinson University Press 1982 (The Littman Library of Jewish Civilization), p. 275–280 on Austerlitz.

[46] See Erich Heller: The Disinherited Mind. Essays in Modern German Literature and Thought. Cambridge 1952, p. 183–201. Kraus's influence on the young Ludwig Wittgenstein was in this respect very marked.

[47] Sidney Rosenfeld: Karl Kraus: The Future of a Legacy. In: Midstream (April 1974), p. 71. Also Allan Janik / Stephen Toulmin: Wittgenstein's Vienna. New York: Simon and Schuster 1973 (A Touchstone Book), p. 67–91.

[48] Harry Zohn: Karl Kraus: »Jüdischer Selbsthasser« oder »Erzjude«? In: Modern Austrian Literature 8 (1975), No. 1/2, p. 1–15.

[49] Lessing, Der jüdische Selbsthaß (note 3).

Hassidism.[50] Kraus was too ignorant of Jewish spirituality to appreciate this parallel. But he was certainly aware that his indignation at Jewish »materialism« echoed Biblical warnings against worshipping the Golden Calf.[51]

Kraus's objection to materialism was a central theme of his satires of Jewish journalists, literary cliques, mannerisms, expressions and business talk. The »shameless press« of the great metropolitan centres was not only animated by sensationalism and sheer greed; it was also responsible for the cretinisation (*Verblödung*) of public opinion and the levelling of culture. Kraus was convinced that modern journalism had replaced authentic moral and aesthetic sensibility with a new cult of mediocrity. But his efforts to link this symptom of »decadence« with Jewry not only echoed the vocabulary of the anti-Semites – it flattened out the richness and variety of Jewish types in Vienna.[52] Moreover, Kraus's portrayal of the printing-presses of modern capitalist journalism as a radical evil reflected a profoundly elitist viewpoint which judged the mass culture of his time against an unreal criterion of artistic truth.

Despite these objections one can hardly deny the courage and integrity of Kraus's lonely struggle against the falsifications and distortions of the new journalism in his own day. His loathing of counterfeit pathos, his bold exposure of the war propaganda of the nationalistic press and his intuitive distrust of institutions as well as party politics gave a unique freedom and authority to his cultural criticism. Kraus was indeed a visionary satirist who continually pinpointed the gap between human inadequacy and the highest cultural ideals. His work may have been critical and destructive, but, as the Hungarian Marxist critic, Georg Lukacs once put it – »satire is the negative mysticism of a godless world«. In the »godless world« of *fin-de-siècle* Vienna with its salon poets and dramatists, bohemians and escapists, dandies and hedonists, Kraus brilliantly fulfilled the role of apocalyptic moralist, acting as a seismograph for his age. Though he lacked the psychological insight of a Freud or Schnitzler, he proved to be the most prophetic herald of the last days of old bourgeois Europe.

It was symbolically appropriate that Kraus's supreme literary work, which assured his enduring literary reputation, should be entitled *Die Letzten Tage der Menschheit* (The Last Days of Mankind). This apocalyptic drama was written during the First World War – the great conflagration whose ravages he had long foreseen and warned against. In this 800 page work, Kraus assembled a gigantic collage out of the raw material of newspaper reports, daily chatter on the streets, in the stock-exchange, law-courts and military headquarters, documenting the

---

[50] Berthold Viertel: Karl Kraus: Ein Charakter und die Zeit. In: id., Dichtungen und Dokumente. Gedichte, Prosa, autobiographische Fragmente. Ausgewählt und hg. von Ernst Ginsberg. München: Kösel 1956, p. 261f.

[51] See Paul Neumarkt: Kraus, Tucholsky, F. Mendelssohn: A Trio of Apostates. In: Jewish Currents 27 (11 December 1973), p. 39.

[52] William O. McCagg: Jewish Assimilation in Austria: Karl Kraus, Franz Werfel and Joseph Roth on the Catastrophe of 1914–1919. In: Austrians and Jews (note 12), p. 58–81, here p. 64.

barbarism and the lies, the nightmare and the anguish which four years of war had created. In this monumental work he managed to capture with the true perception of the artist-prophet the sickness of a crumbling European civilisation.[53]

Jews feature throughout Kraus' play, most of them sarcastically represented. We find many corrupt and gullible caricatures of the Jewish petty bourgeoisie, but also profiteer industrialists, well-fed social climbers, renegades and superpatriotic, »treacherous« intellectuals. There is, of course, Moritz Benedikt (the devil of the play) and the »lying language« of his *Neue Freie Presse*: »in this language an ancient Jewish spirit brings neo-Germanism fanatically to fulfilment.«[54] (»Ich lasse an dieser Sprache, in der der altjüdische Sinn der neudeutschen Handlung sich rabiat zur Geltung bringt, einen alten Abonnenten sterben.«) The Devil in Kraus' drama is very specifically Jewish. Indeed, in the final Epilogue of the play, Benedikt appears as the Lord of the Hyenas. Among other competing symbols of evil in this sprawling epic are the foul, prevaricating warreporters with their »crooked noses« like Alice Schalek – a prominent Jewish journalist unfairly caricatured by Kraus, who truly represents the »enemy within«.

Then there are the lurid descriptions of Jewish war profiteers.

> Do you want to know what the war-God of this struggle looks like? There he goes. A fat Jew from the Automobile Corps. His belly is like a Moloch. His nose is a sickle which drips blood. His eyes shine like carbuncles.[55]

The central character of the play, the ›Grumbler‹ even polemicizes in classic anti-Semitic style against »the capitalist – in other words, Jewish-Christian – destruction of the world, which resides in the consciousness of those who live for and off the idea, but who don't fight, and who, if they don't die naturally, die of overweight or excess of sugar«.[56]

Typically, Kraus attacks the »idea« for which people are senselessly dying, as if it were essentially a Jewish conspiracy. With the same obsessiveness, he depicts the Viennese bourgeoisie (the main object of his venom) as being »judaized« to the core. However, very little attention is paid by him to the Polish Jewish refugees streaming into Vienna from the Galician war-front; or to the new Jewish radicalism and Poalei Zionism, let alone the fate of provincial Jews as the multi-national Habsburg Empire begins to fall apart.[57] In this drama we do not find references to Magyars, Romanians, Italians or Slavs; as if Budapest, Prague or Cracow were not part of the Habsburg Empire. The stage is narrowly

---

[53] Ibid., p. 61–66.

[54] Karl Kraus: Die letzten Tage der Menschheit. Tragödie in 5 Akten mit Vorspiel und Epilog. Frankfurt a. M.: Suhrkamp 1986 (Schriften; 10 / Suhrkamp-Taschenbuch; 1320), Vol. II, p. 85.

[55] Ibid., Vol. I, p. 119. »Wissen Sie, wie der Ares, dieser Krieg, aussieht? Dort geht er. Ein dicker Jud vom Automobilkorps. Sein Bauch ist der Moloch ...«

[56] Ibid., Vol. I, p. 146.

[57] For a more comprehensive picture, see William O. McCagg: On Habsburg Jewry and its Disappearance. In: Studies in Contemporary Jewry 4 (1987), p. 172–196.

Viennese, though the message still remains universal, echoing the warning role of the Biblical prophets, as Kraus speaks in God's name to his native Austria.

Kraus's political judgement left something to be desired, as the post-war period would glaringly reveal. Although he had anticipated the catastrophe of the First World War, the victory of Hitler and the Nazis in Germany caught Kraus completely by surprise. It was as if he was too preoccupied by everyday and concrete phenomena to grasp the broader significance of social and political processes. Between January and October 1933, during the first nine months of Nazi rule in Germany, *Die Fackel* (which had came out uninterruptedly for the past thirty four years) ceased to appear. Kraus seemed to be literally speechless when confronted by the phenomenon of German National Socialism. The sheer horror of the events seemed to lay bare the limits of his satire.[58] As he graphically put it: »One cannot oppose a bomber with pathos and a madman with wit«.

In January 1934 *Die Fackel* reappeared, with a statement of support for the »Austro-fascist« Chancellor, Engelbert Dollfuß. Kraus evidently regarded this authoritarian Catholic dictator as the last bulwark against Nazism in Austria. Many admirers of Kraus were shocked by his political position. But it was consistent enough with his pre-1914 flirtation with Lueger, his admiration for »strong men« and conservative assumptions about mass politics. Though Kraus had briefly drawn closer to the Austrian Social-Democrats in the 1920s, he was no leftist or party ideologue. The probing nature of his *Kulturkritik*, his maverick mind and financial independence had always made him a highly unorthodox and apolitical rebel. His earlier collaboration with anti-Semitic racists like Houston Stewart Chamberlain and Lanz von Liebenfels as well as his support for Dollfuß and Starhemberg, displayed a curious blend of anti-modernist elitism and maverick prejudices. At the same time he had no illusions about Nazism.[59] In his last polemic entitled *Die Dritte Walpurgisnacht*, Kraus unmasked with characteristic lucidity the depraved language used by the Nazis.[60] This work – posthumously published in 1952 – revealed how brutal metaphor had been transformed by Hitler's followers into grim reality in the Third Reich. Karl Kraus died on June 12, 1936, barely two years before Adolf Hitler returned to Vienna in triumph and brought the curtain down on seven supremely creative decades of the Austrian-Jewish »symbiosis«. Kraus did not live to see his furniture, library and letters destroyed. Most of his friends who had remained in Vienna would be murdered by the new masters of the *Ostmark*.

Kraus's harsh attitude to Jewry (*Judentum*) had somewhat softened under the impact of Nazism. In 1934 he even spoke of »the pure and natural strength of an incorruptible Judaism« which stood beyond contemporary politics. Nevertheless, his declared neutrality in antagonism between »profiteers« (Jews) and »troglo-

---

[58] »Wenn die Fackel nicht erscheint«, Die Fackel, No. 889/905 (July 1934), p. 1–315.
[59] Ibid., No. 917–922 (February 1936), p. 94–112.
[60] Karl Kraus: Die Dritte Walpurgisnacht. München: Kösel 1952. Reprinted by Suhr-kamp, Frankfurt 1989.

dytes« (Nazis) hardly represented a positive affirmation of his origins. This »impartiality« did not prevent anti-Semites from rejecting his right to speak for the »Aryan-Germanic« race; or Austrian socialists from attacking him as an individualist and bourgeois aesthete. But his admirers continued to regard Kraus as a writer of genius, a passionate fighter for justice and truth, a modern Jeremiah denouncing the Moloch-like militarism and barbaric imperialism of the age. Werner Kraft, for example, asserted that Kraus spoke in the name of Judaism, even while he was lambasting its sins.[61] There may be a grain of truth in this view, though it ignores or trivializes the scorching self-hatred dispersed in his *œuvre*.[62] Even so measured a contemporary as Arthur Schnitzler was outraged by what he saw as the »servility« of Kraus towards the Austrian anti-Semites.[63]

In this context it is worth recalling the testimony of one of Kraus's most fervent admirers, Elias Canetti, the Bulgarian-born Sephardic writer who lived in Vienna between 1922 and 1938. Canetti left a memorable portrait of his hero, evoking his presence as a small, rather frail, hunched figure with a sharp, agitated voice, who exercised an overpowering, mesmeric influence on his audience.[64] »There has never existed such a speaker in my lifetime – not in any European language that I know.«[65] When Kraus spoke, it was as if the scourge of God was issuing an absolute judgement, an irrevocable verdict against which there was no redress. These »judgements« were like public executions, in which the enemy was hunted down, outlawed, banished or crushed without mercy.[66] Canetti – despite his idolization of Kraus – concluded that his mentor had formed »a hunting pack of the intelligentsia«, exhibiting a murderous« desire to verbally destroy the target of aggression. Kraus himself was a »volcano of hatred«, one of the »deadly satirists of mankind«,[67] always ready to attack and pursue the enemy to the bitter end.[68]

Canetti did not aspire to become another Karl Kraus, for ever excoriating his co-religionists for the sins of capitalism or complicity with a corrupt estab-

---

[61] Kraft, Karl Kraus (note 11), p. 81 ff.

[62] See Robert S. Wistrich: The Jews of Vienna in the Age of Franz Joseph. Oxford et al.: University Press 1989 (The Littman Library of Jewish Civilization), p. 488–493, 497–516, 532–534. Also Sander Gilman: Jewish Self-hatred. Anti-Semitism and the Hidden Language of the Jews. Baltimore et al.: Johns Hopkins University Press 1986, p. 233–241 and Nike Wagner: Incognito ergo sum – Zur jüdischen Frage bei Karl Kraus. In: Literatur und Kritik, No. 219/220 (November/December 1987), p. 387–399.

[63] Jacques Le Rider: Modernité viennoise et crises de l'identité. Paris: Presses Univ. de France 1990 (Perspectives critiques), p. 298ff.

[64] Elias Canetti: The Conscience of Words and Earwitness. London: Pan-Books 1987, p. 28–38, 135–156.

[65] Ibid., p. 32.

[66] Ibid., p. 34.

[67] Ibid., p. 30.

[68] Ibid., p. 38–145. Canetti significantly observed that Kraus, nowhere in his entire *œuvre*, ever made fun of himself: »He attacks, he awaits attacks and he protected himself.«

lishment. His own attitude to the Jews and Judaism nonetheless bore the imprint of Kraus's self-hatred. In his novel *Auto-da-Fé* (published in 1935) Canetti introduced a major character called Fischerle, a Jewish dwarf who is also a hunchback, a pimp, a pickpocket and a swindler. This completely anomic and despicable villain is specifically designated as a Jew at a time when the Nazis were already persecuting Canetti's co-religionists and preparing their *auto-da-fé*.[69] Deformed in character and body, Fischerle is not portrayed as a victim of injustice or cruelty but simply as a psychopath. This twisted portrait of the Jew as an »enemy of civilization« might be seen as Canetti's personal synthesis of images and ideas derived from the works of Otto Weininger and Karl Kraus at their most perverse. Canettis novel was published in German at the time of the 1935 Nuremberg Race Laws. It almost perfectly matches the Nazi conception of the »inferior« and malevolent Jew. It is a caricature which in some places would have done credit to *Der Stürmer*, with its emphasis on the shallow, uncreative intelligence of the Jew, his commercial greed, mimicry, swindling and immorality. Though some have chosen to see this novel as an exposure rather than as an expression of anti-Semitism, its stereotypical extremism surely makes such an interpretation seem forced.[70] Much the same could be said of Karl Kraus's legacy when it came to the 'Jewish Question'.

Kraus's negative attitude towards his former co-religionists was shaped by a compulsively internalized anti-Semitism which reflected his drive for total assimilation to German language and culture. The term »Jewry« (*Judentum*) became a shorthand or »cultural code« by which Kraus could denounce everything which he despised – from the »corruption« of the Viennese press to commercial capitalism, Zionism, hypocritical sexual Puritanism or the Freudian psychoanalytical movement in Vienna. According to Kraus, everything bad in Austrian business and culture derived from this »disintegrating« (*zersetzend*) power of the Jews – a catch-call metaphor widely used by the anti-Semites. Only the rise of fascism and Nazism in the 1930s obliged him to slightly modify this cultural Judeo-phobia without leading to any fundamental moral reckoning with his own prejudices. Karl Kraus remained to the end the quintessential Viennese satirist of his generation and at the same time a tragically misguided prototype for the anti-Jewish Jews of the twentieth century.

---

[69] Leo Schneiderman: Canetti. The Loneliness of the Noble Prize Winner. In: Midstream (December 1987), p. 45–48.

[70] Ritchie Robertson: »Jewish Self-Hatred«? The Cases of Schnitzler and Canetti. In: Austrians and Jews (note 12), p. 82–96 is far too generous in this regard. Gerald Stieg: Elias Canetti au Burgtheater. In: Europe (June/July 2001), No. 866/867, p. 35–42 recounts how Canetti became the object of an anti-Semitic demonstration at Vienna's leading theatre house in 1979, which further compounds the tragic irony of his latent Jewish self-hatred.

Hanni Mittelmann

»... durch die Kunst unsere Schmerzen in lauter Blumen verwandeln.«[1]

Theodor Herzls *Philosophische Erzählungen*

Theodor Herzls literarisches Schaffen in seiner vor-zionistischen Zeit läßt auf den ersten Blick kaum seine Entwicklung vom »spöttischen Chronisten bürgerlicher Trivia, der ›Liebe‹ und ferner, merkwürdiger Landschaften«[2] zum Begründer des modernen politischen Zionismus vermuten. Die recht seicht anmutenden Salongeschichten, wie sie in den drei Sammlungen seiner Feuilletons und Erzählungen *Neues von der Venus. Plaudereien und Geschichten* (Leipzig 1887), *Buch der Narrheit* (Leipzig 1888) und *Philosophische Erzählungen* (Berlin 1900) zu finden sind, scheinen das existentielle Problem der Judenfrage überhaupt nicht zu berühren. Ihre Bedeutung für die biographische Entwicklung Herzls erschließt sich jedoch erst, wenn man sie vor dem Hintergrund der Auflösungserscheinungen des Habsburger Reiches liest. Die Erzählungen können dann als ein Versuch Herzls verstanden werden, gegen das Chaos der Krise des liberalen Bürgertums am Ausgang des 19. Jahrhunderts anzuschreiben. Drückt sich in diesen Erzählungen das Bewußtsein krisenhafter moderner Identität aus, so sind sie zugleich und vor allem auch Ausdruck der jüdischen Identitätsverunsicherung, die durch die Erschütterung traditioneller Werte und Sicherheiten hervorgerufen wurde. Vor allem der dritte Band, die *Philosophischen Erzählungen*, legt Zeugnis ab von der ambivalenten jüdischen Identität Herzls und seinen widersprüchlichen Erfahrungen und Loyalitäten, denen er wie viele Juden in der Zeit des Fin-de-siècle unterworfen war. Die Erzählungen zeichnen das letzte Stadium der inneren Auseinandersetzung Herzls mit der Judenfrage und seinen biographischen Durchbruch zu einem neuen jüdischen Selbstwertgefühl nach, aus dem heraus er die der Assimilationsideologie entgegengesetzte zionistische Idee entwickelte.

Die zwischen 1887 und 1900 entstandenen Erzählungen dieses Bandes weisen alle die Grundstruktur einer inneren Wandlung auf, die den Weg in eine andere Realität bahnt. Herzl wendet in diesen Erzählungen immer dasselbe Muster an: eine namenlose, nicht genau umrissene Erzählerfigur, die aber deutlich zum gebildeten, liberalen Bürgertum gehört, entwirft den erzählerischen Rahmen, das Milieu der wohlhabenden Bourgeoisie, die man in den Caféhäusern, Landhäu-

---

[1]   Theodor Herzl: Sarah Holzmann. Philosophische Erzählungen. Berlin, Wien: Benjamin Harz 1919, S. 55. Alle hier zitierten Erzählungen beziehen sich auf diese Ausgabe.

[2]   Amos Elon: Theodor Herzl. Eine Biographie. Wien, München: Molden-Taschenbuch-Verlag 1979 (MTV-Band ; 143), S. 104.

sern oder Hotels der Sommerfrische, auf den Gesellschaftsbällen, aber auch in den Theatergarderoben antrifft. Innerhalb dieses gesellschaftlichen Rahmens gibt dann ein personifizierter Ich-Erzähler dem Rahmenerzähler oder auch mehreren Zuhörern, zu dessen Kollektiv der Rahmenerzähler gehört, eine einschneidende Episode aus seinem Leben zum Besten, die zu einem inneren Wandel führte. Diese Geschichten handeln immer von Leid, Verletzung und Zurücksetzung, kurz, vom Einbruch von Chaos und Desorientierung in das Leben der meist in geordneten bürgerlichen Verhältnissen lebenden Protagonisten. Auch wenn diese nicht unbedingt als jüdisch ausgewiesen sind, spiegeln sie die erschütterbare Lage des assimilierten Judentums wider, das in einer vermeintlichen »Welt der Sicherheit« lebt, deren unterirdische Bedrohtheit jedoch immer wieder aufbricht. Ihre Geschichten reflektieren jüdische Ängste ebenso wie verinnerlichte antijüdische Topoi, die den Diskurs der Gesellschaft jener Zeit bestimmten.

Zwischen dem unerkannt bleibenden Rahmenerzähler und dem Ich-Erzähler, an den er seine Erzählerfunktion abgibt und bis zum Ende nur noch als stummer Zuhörer fungiert, besteht eine deutliche emotionale Nähe, ja fast eine innere Vertrautheit. Sie ermöglicht es dem Ich-Erzähler, die Geschichte seiner tiefen Verletzung seinem Gegenüber preiszugeben. So bewundert in der Erzählung »Die Garderobe« (1887) der »berühmte Arzt« die ihre Geschichte erzählende Schauspielerin Frau Käthe als »die größte Künstlerin und eine der schönsten Frauen«.[3] Der Rahmenerzähler von »Pygmalion« (1887) fühlt sich deutlich geehrt durch die »beseligende [...] Vertraulichkeit«, mit welcher der Impresario Spangelberg ihn behandelt und ihm den Roman seiner letzten Liebe anvertraut, »den [er] noch keiner menschlichen Seele mitgeteilt« hat.[4] Es wird deutlich, daß der Rahmenerzähler, der zugleich mitfühlender wie auch distanzierter Beobachter ist, sein eigenes, unausgesprochenes Leid in diesen Geschichten artikuliert findet; daß die Geschichte des Ich-Erzählers seine eigene sein könnte. Zugleich stellt er aber auch eine Kontrastfigur zum »Anderen« und »Differenten« dar. Er gehört dem Kollektiv der etablierten bürgerlichen Gesellschaft an, das eine noch intakte Identität, Stabilität und Ordnung vertritt und sich in Sicherheit wähnt. Die Leidensgeschichten der Ich-Erzähler, die meist auch derselben gesellschaftlichen Schicht angehören, aber aus dem Rahmen gefallen sind, stellen somit eine Folie dar, an der die eigene Intaktheit gemessen und bestätigt werden kann. Doch gerade das Gegenteil tritt ein. Durch die Konfrontation mit der Leidensgeschichte des Anderen wird im Zuhörer wie im Leser eine Ambivalenz ausgelöst, die bedenklich, wenn nicht bedrohlich ist. Diese Geschichten sind nämlich durchaus angetan, die klassische Reaktion von »Furcht und Mitleid« hervorzurufen, womit immer auch die Furcht, »selbst der bemitleidete Gegenstand zu werden«, impliziert ist. Ein Prozeß des Überdenkens der eigenen Position wird ausgelöst und eine Erweiterung des Selbstverstehens eingeleitet.

---

[3] Herzl, Die Garderobe (Anm. 1), S. 165.
[4] Herzl, Pygmalion (Anm. 1), S. 63.

Die Rolle des anonymen, stummen Zuhörers, dessen emotionale Distanz zu seinem Gegenüber sich ständig ändert, suggeriert mehrere Erklärungen. Der Akt des Verschwindens des Rahmenerzählers aus der Geschichte in die Anonymität und Stummheit mag den in den Tagebüchern des jungen Herzls dokumentierten Wunsch, als Jude »unerkannt« zu bleiben und die Erlösung vom Problem der jüdischen Identität in ihrer Auflösung zu suchen, widerspiegeln: »Zuerst hat mich die Judenfrage bitterlich gekränkt. Es gab vielleicht eine Zeit, wo ich ihr gern entwischt wäre, hinüber ins Christentum, irgendwohin.«[5] Ebenso kann das Schwanken des Erzählers zwischen Nähe und Distanz zu seinem Gegenüber mit der inneren Ambivalenz Herzls zu seinen jüdischen Wurzeln erklärt werden. Seinem Verlangen nach Akzeptanz und Zugehörigkeit zur etablierten nicht-jüdischen Gesellschaft stand ja immer wieder seine Erkenntnis der Hohlheit dieser Gesellschaft und seine Verachtung ihrer selbstgefälligen Unberührbarkeit und Abgehobenheit vom Leiden anderer gegenüber: »In diesem Unerkannt! liegt ein furchtbarer Vorwurf gegen die Antisemiten.«[6]

Der unsicheren Position des Rahmenerzählers steht die starre novellistische Konstruktion der Erzählungen gegenüber. Sie setzt den auf der inhaltlichen und stilistischen Ebene vorgeführten Erscheinungen der Destabilisierung eine der Klassik verpflichtete Form entgegen, die weit entfernt ist von der »Ästhetik der Auflösung«,[7] welche so bezeichnend ist für die impressionistische Literatur des Fin-de-siècle: Das Episodische der Binnenerzählungen wird in die starre Struktur eines novellistischen Ereignisses gezwängt. Statt der impressionistischen Assoziationsstruktur finden wir eine Linearität der Erzählung, die eine Ordnung behauptet, welche es auf der inhaltlichen Ebene nicht mehr gibt. Der inhaltlichen Ambivalenz und Offenheit, die in den Ich-Erzählungen vorherrscht und die sich auch in dem von Vagheiten und elliptischen Verkürzungen durchsetzten Erzählstil ausdrückt, steht die Statik und Geschlossenheit der äußeren Form gegenüber. Herzl ist deutlich eher der Ästhetik der Weimarer Klassik verpflichtet, in der die Wirklichkeit noch als kontrollierbar gezeigt wird und wo Konflikte harmonisiert werden können. Die scheinbare Beruhigung, welche die melancholischen Schlüsse seiner Erzählungen bis Anfang der neunziger Jahre aufweisen, sprechen jedoch eher von dem Phänomen der Verdrängung, mit dem Freud die Mechanismen des Seelenlebens der europäischen Bourgeoisie bezeichnet hat. Die Angst vor dem Unberechenbaren, mit der sich vor allem die jüdische Bourgeoisie konfrontiert sah, wird zwar hier in Schach gehalten durch die starre novellistische Struktur. Auf der inhaltlichen Ebene bricht aber

---

5 Theodor Herzl: Briefe und Tagebücher. Hg. von Alex Bein, Hermann Greive u. a. Berlin, Frankfurt a. Main, Wien: Propyläen 1983, Bd 2, S. 44f..

6 Ebd., S. 45.

7 Hildegard Kernmayer: Judentum im Wiener Feuilleton (1848–1903). Exemplarische Untersuchungen zum literarästhetischen und politischen Diskurs der Moderne. Tübingen: Niemeyer 1998 (Conditio Judaica. Studien und Quellen zur deutsch-jüdischen Literatur- und Kulturgeschichte; 24), S. 214.

immer wieder der Zufall in das Leben der Ich-Erzähler ein und zerbricht vollends ihr von vornherein fragiles Gefühl der Sicherheit.

In allen Erzählungen wird ein deutliches Innerhalb und Außerhalb der bürgerlichen Gesellschaft aufgebaut, die die inhaltliche Spannung der Erzähltexte ausmacht. Vertritt der Rahmenerzähler als Beobachter und Zuhörer die vordergründig stabile Welt der liberalen bürgerlichen Klasse mit einer gefestigten Identität, so sind die Ich-Erzählerfiguren ausnahmslos Außenseiter, deren Identität krisenhaft ist und sich in einem Übergangsstadium befindet. Obwohl sie nicht direkt als jüdisch ausgewiesen sind, haben sie doch alle die Eigenschaften, die im antisemitischen Diskurs zu Herzls Zeit den Juden zugeschrieben wurden, wie Mobilität, Ruhelosigkeit und Ortlosigkeit. So führen sowohl der Impresario Spangelberg in den Erzählungen »Pygmalion« (1887) und »Der Aufruhr in Amalfi« (1888) wie die Schauspielerin Frau Käthe in der Erzählung »Die Garderobe« (1887) ein unstetes Leben. Sie sind Reisende, die sich von der Seßhaftigkeit und Bodenständigkeit ihres zuhörenden Gegenübers abheben:

> Spangelberg, der Impresario, ist wieder hier. Das heisst, ich sah ihn vor acht Tagen. Ob er sich heute in Olmütz, Petersburg oder Lissabon aufhält, ob er für fünfundsechzig Centimes in irgend einem Bouillon Duval zu Paris tafelt, oder bei Doney in Florenz getrüffelte Kapaunen mit Champagner begiesst-wer vermöchte das zu sagen?[8]

Spangelberg weist darüber hinaus noch die antisemitischen Topoi von der »jüdischen« Schläue, Gewandtheit und Arroganz auf:

> An allen vier Enden der Welt hat er Philister genasführt, Weiber betört und Händel ausgefochten. Noch heute, wo sein Rubensbart zu ergrauen beginnt, glänzen seine Augen jung und abenteuerlustig, und wenn er hoch und elastisch vorüberschreitet, schielen die Frauen wohlgefällig nach ihm hin. Ein Zug von spöttischer Überlegenheit ist in seinem Gesichte, denn er kennt sehr viele Träger imposanter Namen ledig des arrangierten Ansehens, das sie sich vor der gläubigen Menge geben; kennt sie von ihren Anfängen her, oder aus der schlechten Gesellschaft.[9]

Auch die Schauspielerin Frau Käthe führt ein unstetes Leben:

> Ich zog damals kreuz und quer durch die Provinz als Mitglied kleiner Schauspieltruppen. Heute da, morgen dort. Ich möchte das nicht noch einmal durchmachen [...]. Ich habe zuweilen Fieberträume, in denen ich angstvoll glaube, noch einmal übers Moor gehen zu müssen bei Nacht.[10]

An dieser Figur wird jedoch vor allem das judenfeindliche Körperbild der Zeit demonstriert. Frau Käthes »Häßlichkeit«, die sie als junge Schauspielerin zum »Zielblatt kameradschaftlicher Späße« werden ließ und der »das Gewieher jedes spottlustigen Publikums galt«,[11] wird nicht nur an ihrer Magerkeit, die

---

[8] Herzl, Pygmalion (Anm. 1), S. 61.
[9] Ebd., S. 61f.
[10] Herzl, Die Garderobe (Anm. 1), S. 167.
[11] Ebd., S. 168.

sie wie eine »Vogelscheuche« aussehen ließ, festgemacht, sondern vor allem an ihrer – jüdischen – Physiognomie: »Was man gegenwärtig mein ›edles Profil‹ nennt, war zu jener Zeit eine ganz gewöhnliche krumme Nase.«[12] Die Häßlichkeit der jungen Schauspielerin gefährdet sie in ihrem Beruf und löst in ihr Existenzängste aus, welche die der Juden jener Zeit wiederspiegeln :

> Wo hatte ich Aussicht, ein Engagement zu erhalten mit meiner körperlichen Erscheinung, die nicht einmal vor den Augen dieser verdorbenen kleinstädtischen Wüstlinge Gnade fand [...]?[13]

Herzl entwirft hier ein Bild der Andersheit, ein »Körperbild der Differenz«,[14] das den damaligen antisemitischen Diskurs widerspiegelt und an dem die bedrohte Lage des jüdischen Außenseiters abgelesen werden kann. Es spiegelt dabei auch Herzls eigenes, in seiner Jugend tief verinnerlichtes negatives jüdisches Selbstbild wieder, das in seinen Tagebüchern und Briefen immer wieder auftaucht. So spricht er in seinen Jugendtagebüchern von der »fremdartigen [...] ja sogar leider [...] verachteten Physiognomie« der Juden und erwartet die physiologische und psychologische »Verbesserung des figürlichen und tatsächlichen Volksprofils« von der »Kreuzung der abendländischen Racen mit der sogenannten morgenländischen auf der Basis einer gemeinsamen Staatsreligion – das ist die wünschenswerte, große Lösung!«[15]

Die Geschichte, die Frau Käthe dem berühmten Arzt erzählt, wird von ihr überdies als eine Krankheitsgeschichte entworfen, als »eine häßliche kleine Geschichte [...] so wahr und abstoßend wie eine der Krankheiten, die Sie mir im Spital zeigten«.[16] Auch hier wird auf einen von vielen Juden verinnerlichten antisemitischen Topos Bezug genommen, der Judentum als eine Krankheit oder Deformation definiert. Er taucht häufig in Herzls frühen Tagebüchern auf, vor allem in dem schockierenden Bild vom Judentum als dem deformierten Finger an der Hand der Menschheit.[17] Auch wenn Herzl damit die innere Deformation, die das Judentum durch seine Verfolgungs- und Leidensgeschichte erlitten hat, bezeichnen wollte, so zeigt dieses Bild, wie sehr er von der negativen Andersheit des Juden überzeugt war.

In den Erzählungen dieses Bandes wird jedoch zugleich eine Innensicht dieser Außenseiterfiguren gegeben und ihre »Andersheit« als Ergebnis der ihnen zugefügten Verletzungen durch die Gesellschaft erklärt. »Meine arme, verschüchterte Seele zog sich scheu zurück und in einer Welt, wo nur das Geäu-

---

[12] Ebd.
[13] Ebd., S. 173.
[14] Kernmayer, Judentum im Wiener Feuilleton (Anm. 7), S. 245.
[15] Herzl, Briefe und Tagebücher (Anm. 5), Bd 1, S. 610.
[16] Herzl, Die Garderobe (Anm. 1), S. 167.
[17] Herzl, Briefe und Tagebücher (Anm. 5), Bd 1, S. 610. Siehe dazu auch: Ritchie Robertson: The New Ghetto and the Perplexities of Assimilation. In: Theodor Herzl. Visionary of the Jewish State. Ed. by Gideon Shimoni and Robert Wistrich. Jerusalem, New York: Magnes Press, Herzl Press 1999, S. 39–51, hier S. 40f.

ßerte gilt, lebte ich träumerisch nach innen«.[18] So erklärt die durch den Spott
über ihre Häßlichkeit verschüchterte Frau Käthe ihr anfängliches Versagen als
Schauspielerin. Auch hinter Spangelbergs schillernder Persönlichkeit und den
»vielen lustigen Masken, die er vorbindet«[19] steckt eine Desillusion und Ver-
letztheit, die sich in seiner Geschichte enthüllt.

Prototypische Zuschreibungen und vorgefaßte negative Meinungen, die man
von diesen Figuren hat, werden widerlegt oder zumindest in Frage gestellt. So
heißt es von Spangelberg: »Vielleicht ist er stets aufrichtig, vielleicht lügt er
immerwährend? Man weiß ja bei ihm nie, ob er scherzt oder ernsthaft redet.«[20]
Und die üblichen Vorstellungen, die man von einer Schmierenschauspielerin hat,
werden durch die Geschichte der Frau Käthe widerlegt, die »mitten in der Ge-
meinheit [ihres Milieus] jungfräulich« geblieben ist.[21] Das Fremde und Fremdar-
tige wird also in diesen Erzählungen verständlich und damit vertraut gemacht. Es
wird um Sympathie geworben und der Versuch einer Versöhnung unternommen.

Damit wird ein Programm vorweggenommen, das Herzl erst in seiner Pariser Zeit bewußt zu entwickeln suchte. Er hatte nämlich damals den Plan ge-
faßt, über die »Zustände der Juden« zu schreiben:

> Aus all den wahrheitsgetreuen Schilderungen sollte das unverschuldete Unglück der
> Juden hervorkommen, zeigen, daß es Menschen sind, die man beschimpft ohne sie
> zu kennen.[22]

Er wollte das Judentum als »geschichtliches Product« erklären, als »Opfer frühe-
rer grausamerer und noch beschränkterer Zeiten [...]. Sie wissen nicht, daß wir
so sind, weil man uns unter Qualen so gemacht hat.«[23] Auch wenn Herzl in
diesem Tagebucheintrag aus dem Jahre 1895 behauptet: »Hier [in Paris] habe
ich ja Reporteraugen bekommen, die für solche Aufnahmen nöthig sind«,[24] so
belegen alle vor 1895 entstandenen *Philosophischen Erzählungen*, daß er das
innere Auge für die »Zustände der Juden« schon lange besessen hatte, es jedoch noch nicht wahrhaben wollte.

Zugleich wird in den *Philosophischen Erzählungen* bereits eine »Umwer-
tung der Werte« vorgenommen, die auf ein neues jüdisches Selbstvertrauen
schließen läßt. Was zunächst als Stigma erscheint, wird hier zur Tugend um-
funktioniert. Die Absonderlichkeiten der Protagonisten entpuppen sich bei
näherem Hinsehen als ihre Stärke. Die »krumme Nase« von Frau Käthe wird
schließlich vom Publikum als »edles Profil« wahrgenommen. Auch Spangelbergs rastlose Unstetheit, die ihn als modernen ewig wandernden Juden aus-
weist, wird positiv gedeutet:

---

18 Herzl, Die Garderobe (Anm. 1), S. 169.
19 Herzl, Pygmalion (Anm. 1), S. 62.
20 Ebd.
21 Herzl, Die Garderobe (Anm. 1), S. 171.
22 Herzl, Briefe und Tagebücher (Anm. 5), Bd 2, S. 51.
23 Ebd., S. 49.
24 Ebd.

Für ihn selbst ist nach wie vor der morgige Tag ausgefüllt mit tausend wunderbaren Rätseln; er weiß nicht, wo und wovon er leben wird – und darin liegt seine ewige Jugend. In geordneten Verhältnissen wäre seine Spannkraft längst verdorben. Er fühlt sich nur wohl in der Bedrängnis und heimisch nur unterwegs. Er hat nichts, und darum gehört ihm die Welt.[25]

Trotz ihrer unbürgerlichen Anrüchigkeit erscheinen diese Außenseiterfiguren, die nicht »die Heerstraße der Spießbürger« gehen[26] und deren Reich nicht unbedingt von dieser Welt ist, als liebenswerte, faszinierende Lebenskünstler, die menschlich anrührender sind als ihre bürgerliche Umgebung.

Ihrer meist nur subjektiv perzipierten Absonderlichkeit oder äußeren Deformiertheit wird die moralische Deformiertheit der sie verachtenden Gesellschaft gegenübergestellt. So erweist sich in der Erzählung »Die Garderobe« Direktor Lemke, der »seine Leute übervorteilte und ihnen soviel Arbeit erpreßte, als er nur konnte«, als der eigentliche »gemütliche« Schuft.[27] Er, der perfiderweise den voyeuristischen männlichen Theaterbesuchern die Möglichkeit gibt, die Schauspielerinnen in ihrer Garderobe beim Umkleiden zu beobachten und daraus ein einträgliches Nebengeschäft macht, gehört eindeutig zum Kollektiv der sogenannten guten bürgerlichen Gesellschaft und ist auch durch seine körperliche Erscheinung so ausgewiesen: »Dabei hatte er ein rosiges, lächelndes Gesicht, von blonden Locken umwallt, der echte Künstlerkopf«.[28] Auch in der Erzählung »Pygmalion« erweist sich der Impresario Spangelberg nicht als der von reiner Profitgier getriebene skrupellose Manipulator und Ausbeuter, als den die Welt ihn vorzieht zu sehen. Er ist vielmehr der künstlerische Vermittler, der eine Kulturtat vollbringt:

Ich führe die stürmenden Leute an die Billetschalter, wo sie sich die Kleider vom Leibe reißen lassen einem Kunstgenuß zuliebe, dem sie ausweichen würden, wenn sie ihn gratis haben könnten [...]. Ich stehe über meinen Virtuosen, denn ich bin selber einer. Und was ist seine Kunst ohne die meinige?[29]

Der Pygmalion-Mythos wird hier tragisch-komisch gebrochen zu einer Geschichte der Zurückweisung. Spangelberg, der aus der »ungepflegten, widerwärtigen« Schustertochter Klimpfinger mit den »abscheulichen Gewohnheiten« die Sängerin Geraldini geformt, aus einer »Vogelscheuche« eine weltgewandte »Beauté« gemacht hat,[30] wird schließlich von seinem Geschöpf brutal als nicht gut genug zurückgewiesen und finanziell übervorteilt. Hier zeigt sich ein Schicksal, das auf metaphorischer Ebene das der assimilierten Juden zu wiederholen scheint, die ihre Arbeitskraft in ihr Gastvolk investierten, nur um von ihm geschmäht und verschmäht zu werden.

---

[25] Herzl, Pygmalion (Anm. 1), S. 62.
[26] Ebd.
[27] Herzl, Die Garderobe (Anm. 1), S. 169.
[28] Ebd., S. 170.
[29] Herzl, Pygmalion (Anm. 1), S. 66.
[30] Ebd., S. 65.

Ebenso ist in der satirischen Erzählung »Mumbo«, die von der Rivalität
zweier Zeitungsredakteure in einer Kleinstadt handelt, die eigentlich negative
Figur der Redakteur Johannes Bunge, der den »Stempel der Verlässlichkeit an
der Stirne«[31] trägt und der auch äußerlich die Merkmale der dominanten Ge-
sellschaftsgruppe aufweist: »Er war schön, jung, unendlich blond«. Sein Riva-
le, der Redakteur Schnepp, der »Fixigkeit über die Richtigkeit« setzt und damit
»das amerikanischere [jüdische?] System der Zeitungsschreiberei« vertritt,[32]
ist ihm deutlich unterlegen:

> Bunge wurde allgemein ernst genommen – ein Glück, das Herr Schnepp nie hatte er-
> reichen können. Bunge und Schnepp haßten einander, wie Nachbarn, und der reiche-
> re Nachbar war Johannes.[33]

Bunges verächtliche Behandlung von Schnepp, vor allem aber seine gedanken-
lose und arrogante Demütigung des dummen August, der in einem im Städtchen
gastierenden Wanderzirkus auftritt, lassen ihn zum Opfer der Rache dieser beiden sozial unterlegenen Außenseiter werden. Bunges »Stempel der Verläßlich-
keit an der Stirne« wird zum Kainsmal, das ihn zum Gespött der Stadt macht.

In der negativen Kennzeichnung der Vertreter der bürgerlichen Gesellschaft
läßt sich der Beginn einer inneren Wandlung von Herzls Selbstbild erkennen.
Der »Vorwurf gegen die Antisemiten«, wie Herzl es in seinem Tagebuch ausdrückte,[34] spricht von einem sich allmählich formierenden neuen jüdischen
Selbstbewußtsein, das Erniedrigung und Zurückweisung nicht mehr demütig
akzeptiert, sondern damit selbstbewußt umgehen kann. Dies wird vor allem in
den Erzählungen »Der Aufruhr von Amalfi« (1888) und »Die Reise nach einem Lächeln« (1889) illustriert, die beide als Parabeln des Verrats am Glücksversprechen, das der bürgerliche Liberalismus für den sich assimilierenden
Juden bereithielt, gelesen werden können. So vergibt Spangelberg in der Erzählung »Der Aufruhr von Amalfi« zwar scheinbar der schönen Miss Mabel,
daß sie ihm ihre Liebesgunst entzieht, sobald sie sich ein genaueres Bild vom
Inhalt seines Geldbeutels gemacht hat:

> O Miss Mabel! Ich zürne Ihnen nicht. Ich verlange von schönen Weibern nicht, daß
> sie unpraktisch seien. Ich begreife ganz gut, daß Sie sich von mir zurückgezogen,
> nachdem Sie so erschöpfende Einsicht in meine Verhältnisse genommen.[35]

Doch wird sie zugleich zum Ziel von Spangelbergs Angriff, indem er die
schöne Miss mit dem Pöbel von Amalfi vergleicht, der so gierig hinter den
Geldmünzen der Touristen her ist: »Aber um wieviel sind Sie und Ihre Leute
besser, als dieser soldo-begeisterte Pöbel von Amalfi, der Ihnen solchen Ekel

---

[31] Herzl, Mumbo (Anm. 1), S. 135.
[32] Ebd., S. 136.
[33] Ebd., S. 137.
[34] Herzl, Briefe und Tagebücher (Anm. 5), Bd 2, S. 45.
[35] Herzl, Der Aufruhr von Amalfi (Anm. 1), S. 92.

einflößte? Um wieviel, Miss Mabel?«[36] Ebenso verbindet Herr Paul in der Erzählung »Die Reise nach einem Lächeln« seine philosophisch akzeptierte Zurückweisung durch eine schöne Unbekannte, die er »Madeleine von Commercy« nennt und deren geheimnisvollem Lächeln er hinterherreist, mit einem beißenden Vorwurf an die Adresse der Frau, die das Versprechen ihres Lächelns zurücknimmt und sich das Recht der Zurückweisung anmaßt. Der Erzähler behält seine Überlegenheit über Madeleine von Commercy, indem er sie als eine (wahrscheinlich verheiratete) billige kleine Kokette entlarvt, die ihr Lächeln an jeden beliebigen »Geck aus der Provinz« verschenkt. Er selber charakterisiert sich dagegen als einen feinen, »sensitiven« Menschen, der seiner Niederlage eine philosophische Lebensweisheit abgewinnt:

> Doch zürne ich der Madeleine von Commercy nicht, habe ihr nie gezürnt. Denn ich verdankte ihr köstliche Jahre einer schönen Sehnsucht. Und wenn ich es recht bedenke – was ist das Leben aller sensitiven Menschen anderes als die Reise nach einem Lächeln?[37]

In beiden Erzählungen wird die Wirklichkeit als eine betrügerische Fassade entlarvt. Die Protagonisten finden sich damit ab, daß Erfüllung im wahren Leben nicht zu finden ist und daß das Versprechen der Akzeptanz nur illusorisch war: »Nie war eine törichtere Reise unternommen worden als diese Pilgerschaft nach einem Lächeln.«[38] Obwohl dieser Schopenhauersche Rückzug in die ästhetische Metapher – das Leben als eine Reise nach einem Lächeln – von der Resignation des »fremdländisch« aussehenden Protagonisten zeugt,[39] ist diese Resignation jedoch bereits als erster Schritt zu einer (Selbst-)Bewußtheit zu werten, die neue Lebensperspektiven eröffnet.

Das Motiv des zerstörten Traums, das in den Erzählungen der achtziger Jahre so zentral ist, kann als ein Echo verstanden werden auf Herzls eigenen zerstörten Traum von der Lösung des jüdischen Problems durch die bürgerliche Emanzipation. Die schwere Erschütterung, die Herzls Glaube an die Assimilationsideologie Ende der achtziger Jahre erfahren hatte, als es ihm allmählich klar wurde, daß die gesetzliche Emanzipation des Juden nicht zur ersehnten Assimilation und Akzeptanz geführt hatte, leitete bei ihm ein Erwachen zu einem neuen jüdischen Selbstwertgefühl ein. Dies spiegelt sich in den Erzählungen »Die Raupe« (1889), «Die schöne Rosalinde« (1890) und »Die Heilung vom Spleen« (1892) wider. Die Protagonisten gehören hier, im Gegensatz zu den Figuren der Frau Käthe und dem Impresario Spangelberg, dem gehobenen Bürgertum an. Sie sind verwöhnte, gelangweilte und scheinbar sorglos dahinlebende Dandies und Lebemänner, die durch ein plötzliches Ereignis zu einem neuen Bewußtsein ihrer selbst und ihres bis dahin verdrängten inneren Unbehagens gelangen. Diese Einbrüche, welche zu einer neuen Sicht der Wirklich-

---

[36] Ebd., S. 93.
[37] Herzl, Die Reise nach einem Lächeln (Anm. 1), S. 120.
[38] Ebd., S. 118.
[39] Ebd., S. 115.

keit führen, nehmen dabei zunehmend gewaltsamere Formen an. In »Die Raupe«, ist es ein »Traum«, der den blasierten Lebemann und Boulevardier Fritz mit der bisher von ihm verdrängten Zurückweisung durch seine Kusine Klara, die ihm einen nicht-jüdischen Adeligen vorgezogen hat, konfrontiert. Er lernt die von ihm verdrängte Verletzung zu meistern, indem er erkennt, daß lieben, auch wenn es oft mit Schmerz verbunden ist, »seliger« ist als geliebt zu werden.[40]

In »Die schöne Rosalinde« führt eine Duellverletzung des Ich-Erzählers zur Erschütterung seines bis dahin gefestigten Identitätsbewußtseins. Der plötzliche Anblick seines eigenen Skeletts bei der Verarztung seiner Wunde durchbricht die Routine seines bis dahin unbewußten Lebens. Die Konfrontation mit sich selbst, dem Verdrängten und sonst Unsichtbaren, wofür die »Skelettgrübelei«,[41] in die der Protagonist verfällt, steht, verwandelt ihn von einem sorglosen, leichtsinnigen, »gewöhnliche[n] Vergnügungsmensch[en]« in einen »nachdenkliche[n] Mensch[en]« und löst in ihm »die Geburtswehen der Erkenntnis« aus.[42] Die Geschichte der Selbstentdeckung des namenlos bleibenden Ich-Erzählers liest sich wie die Geschichte von Herzls eigener Konfrontation mit seiner verdrängten jüdischen Identität. Wie der Ich-Erzähler in seinem Skelett »die leeren Augen der Zukunft« sieht,[43] so mußte auch Herzl am Anfang der neunziger Jahre die Zukunftslosigkeit des Juden in der nicht-jüdischen Gesellschaft erkennen. Der steile Anstieg des österreichischen Antisemitismus, der Wahlsieg der antisemitischen christlich-sozialen Partei und der Zusammenbruch der liberalen Partei machten es Herzl klar, daß der Antisemitismus nicht nur eine vorübergehende Erscheinung sei, sondern eine fortschreitende politische Macht, welche die jüdische Assimilation blockieren würde.[44] In den Stadien der Selbstentdeckung und dem Beginn einer inneren Wandlung, die der Ich-Erzähler durchläuft, können wir unschwer Herzls eigenen Entwicklungsgang in jener Zeit wiedererkennen: Der unerwartete Anblick seines Skeletts, jenem inneren, tragenden Gerüst seiner Existenz, ruft im Ich-Erzähler zunächst das Gefühl hervor, daß sich ihm »etwas Teures« enthüllt habe, das man sich »tief ins Gedächtnis prägen« sollte.[45] Er, der sich als einen »Unwissenden« bezeichnet, versucht sich daraufhin durch obsessive Beschäftigung mit der Anatomie des Skeletts – oder, wie man es lesen könnte, der »Anatomie« des Judentums und des »jüdischen Problems« – gegen das »wachsende Grauen« abzustumpfen,[46] das dieser Blick ins eigene Innere ausgelöst hat. Das nächste Stadium ist das der Selbstverleugnung: »Das Skelett des Homo Sapiens geht mich nichts an,

---

[40] Herzl, Die Raupe (Anm. 1), S. 218.
[41] Herzl, Die schöne Rosalinde (Anm. 1), S. 183.
[42] Ebd., S. 182f.
[43] Ebd., S. 184.
[44] Siehe dazu auch Jacques Kornberg: The Construction of an Identity. In: Theodor Herzl (Anm. 17), S. 15–26, hier S. 20.
[45] Herzl, Die schöne Rosalinde (Anm. 1), S. 181f.
[46] Ebd., S. 184.

ich bin jedoch jedenfalls etwas ganz anderes.«[47] Dieser Versuch, dem »Bewußtsein meiner selbst« zu entrinnen, führt den Ich-Erzähler in die »Wüste«, in das »Zelt eines Beduinen«[48] – Metaphern für die Rückkehr zum jüdischen Ursprung. Doch weder dort noch in den »Vergnügungsstätten der Welt«, Paris und Brüssel, kann er seine innere Ruhe wiederfinden. Schließlich findet der Ich-Erzähler sich mit der Präsenz der »schönen Rosalinde«, wie er das Skelett tauft, und mit der durch das eigene Nachdenken zerstörten »schmerzlosen Ruhe des Gemütes« ab.[49]

In der Erzählung »Die Heilung vom Spleen« (1892) wird durch eine noch radikalere Kur der Bewußtseinswandel des Protagonisten John H. Windall, eines verwöhnten, steinreichen jungen Mannes herbeigeführt. Der »Spleen«, an dem der junge Mann leidet und von dem er sich von einem berühmten Arzt heilen lassen will, ist in Wirklichkeit Ausdruck einer tiefen Depression und Identitätskrise, welche die von Herzl widerspiegelt:

> Ich bin dreißig Jahre alt, frei, reich, kerngesund – wenigstens körperlich. Dennoch ist mir das Leben zur schrecklichen Last geworden. Mühsam schleppe ich mich aus einem Tag in den andern. Alles ist mir ekel und verhaßt.[50]

Die Radikalkur gegen den Spleen, die der Arzt an seinem Patienten vornimmt, ist die Amputation seines – gesunden – Fusses. Erst durch diese drastische Maßnahme wird John H. Windall zu einer neuen Wertschätzung des Lebens, das er so blasiert verachtet hatte, gezwungen: »Das Leben ist schön – nur muß einem etwas dazu fehlen.«[51] Die schmerzhafte Amputation führt zum gesteigerten Lebensgenuß, zu einem neuen Blick auf die Wirklichkeit und die in ihr wohnenden Möglichkeiten. Die Erzählung wurde in einer Zeit geschrieben, in der sich Herzl als Auslandskorrespondent der *Neuen Freien Presse* in Paris befand. Seine neue Aufgabe, sich als Berichterstatter mit der politischen und sozialen Situation seines Gastlandes auseinanderzusetzen, änderte seinen Blick auf die eigene Wirklichkeit als Jude in Österreich. Hier kann man den Beginn einer Entwicklung ansetzen, die Herzl zur Einsicht führte, daß das jüdische Problem nur mit einer Radikalkur, eben mit einer radikalen »Amputation«, bzw. Trennung von den Illusionen der Assimilationsideologie gelöst werden konnte. Es ist diese Amputation, die zum Stimulus wird, dem Leben eine neue Richtung zu geben. Dem Neuanfang mußte eine völlige Zerstörung vorangehen.

In diesen drei Erzählungen aus den frühen neunziger Jahren folgen aus dem Schock des Erwachens zu einem neuen Bewußtsein noch keine konkreten Schritte. Noch herrscht im wesentlichen Ratlosigkeit vor, wie aus dem erfahrenen Bruch in der Biographie ein neues Leben zu schaffen sei:

---

[47] Ebd., S. 183.
[48] Ebd., S. 184.
[49] Ebd., S. 187.
[50] Herzl, Die Heilung vom Spleen (Anm. 1), S. 194.
[51] Ebd., S. 202.

Was aber soll ein moderner Mensch, wie ich, tun, der an nichts glaubt und nichts weiß, dem keine Arbeit über den Tag und keine Schwelgerei über die Nacht hinweghilft? Ein Mensch, der bestimmt war, in den Boudoirs der Tänzerinnen herumzulungern und seine Zeit mit der Anschauung der schönen Rosalinde verbringt.[52]

Noch üben sich die Protagonisten in Resignation und philosophischer Akzeptanz.

Ansätze zu neuen Wegen der Lebensbewältigung und zu neuen selbstbewußten Verhaltensbildern sind freilich auch in diesen Erzählungen bereits vorhanden. Das Leiden der Protagonisten führt zu einer entscheidenden Änderung in ihrer Psychologie und löst ein in ihnen schlummerndes Selbstwertgefühl aus. So wird bereits in der Erzählung »Die Garderobe« Frau Käthes traumatisches Erlebnis zum schöpferischer Stimulus:

Und sehen Sie, ich glaube, daß ich damals anfing gut zu spielen. Psychologisch – das ist doch Euer Ausdruck? – kann ich es nicht genau erläutern. Hatte die große Erschütterung schlummernde Kräfte in mir ausgelöst, war meine Schamhaftigkeit in der Schande ertrunken? Kam die Leidenschaft meines Tones daher, daß ich immer unter dem Eindruck dieser revoltanten Dinge stand? Bewegte ich mich freier, weil ich den Zuschauern nichts mehr vor mir zu verbergen hatte?[53]

Vor allem in der Erzählung »Sarah Holzmann« (1896) ist das Motiv des Leidens als auslösende Kraft zu schöpferischer Tätigkeit zentral:

Ja, die Ursachen unserer Leistungen sind zuweilen komisch. Und öfters sind sie traurig. Ihr guten Bourgeois habt nicht die leiseste Ahnung, worauf die Lieder beruhen, die euch entzücken, und die Taten, die ihr bewundert. Ihr hört, aber versteht nicht den Gesang, der aus den Leiden kommt. Freilich muß auch die Seele danach sein, die, wenn sie recht sehr zerknittert und mißhandelt wird, sich in reinen und hohen Ausbrüchen Luft macht.[54]

Daß die »besten Leistungen [...] Martern« zu verdanken sind,[55] wird in dieser Erzählung, die in einem Hotel in der Sommerfrische spielt, gleich dreimal illustriert. Einmal an den »singenden Hunden«, die ein Hotelgast, »ein Akrobat oder Clown«, durch Quälereien dazu bringt, den »Karneval von Venedig« rhythmisch zu begleiten. Zum andern an dem Hotelgast, Dr. Hübner Bey, der, um seinem unglücklichen Familienleben zu entkommen, zum berühmten Afrikaforscher geworden ist. Und schließlich an Sarah Holzmann, die ihren Schmerz über den von ihr entdeckten Ehebruch ihrer Mutter auf den Rat des Malers Gerhard in der Musik sublimiert:

Ich sagte ihr, welch eine Tröstung die Kunst mir in meinem eigenen Leben gewesen und wie sich durch die Kunst unsere Schmerzen in lauter Blumen verwandeln, die wieder andere Menschen erfreuen, gerade die mühseligen und beladenen Menschen.[56]

---

[52] Herzl, Die schöne Rosalinde (Anm. 1), S. 186.
[53] Herzl, Die Garderobe (Anm. 1), S. 173.
[54] Herzl, Sarah Holzmann (Anm. 1), S. 50.
[55] Ebd., S. 45.
[56] Ebd., S. 55.

Wie bereits in den früher entstandenen Erzählungen, wird auch hier die Kunst bzw. die Dichtung als das Mittel gesehen, durch das der Lebensschmerz artikuliert und gemeistert werden kann:

> Wenn sie [die Menschen] ihr Leid in sich hineinschweigen, so gehen sie spurlos vorüber, wie Nebelbilder auf der weißen Wand. Wenn sie es in die unverständlichen Worte einer selbsterfundenen Geheimsprache bringen, so nennt man sie Philosophen. Wenn sie aber dieses uralte Weh in lieblich gerundeter Rede vortragen, so daß es jeder verstehen mag, wenn sie einen duftenden Hauch von Melancholie oder das großartige Gelächter darüber breiten – dann nennt man sie Poeten.[57]

Kunst und Dichtung waren Bereiche, die, wie Herzl zunächst noch glaubte, Juden ein Refugium boten vor dem Stigma des »jüdischen Materialismus«. Zugleich waren es aber auch die einzige Bereiche, in denen es für Juden die Möglichkeit gab, zu Ehren zu kommen in einer antisemitischen österreichischen Gesellschaft, die Juden von bedeutenden öffentlichen Ämtern, sei es in der Politik oder an den Universitäten, ausschloß.

Die Flucht vor der Wirklichkeit in die Kunst, die in dieser Erzählung aus dem Jahre 1896 noch zentral ist, scheint zunächst eher auf ein früheres Entwicklungsstadium Herzls zu verweisen. Dennoch finden wir in dieser Erzählung auch Elemente, die von Herzls biographischem Durchbruch vom kontemplativen Ästheten zum Tatmenschen zeugen, dem er bereits 1895 in seiner Programmschrift *Der Judenstaat* Ausdruck verliehen hatte. Die Figur des Afrikaforschers Dr. Hübner Bey, der die »dunklen Weltteile«[58] erforscht und sich damit einen Namen gemacht hat, mag dafür als ein Indiz gelten. Erscheint er doch, nach einem Eintrag in Herzls Zionistischem Tagebuch zu schließen, als eine Art alter ego Herzls:

> Stanley interessirte die Welt mit der kleinen Reisebeschreibung: how I found Livingstone. Und als er gar quer durch den Dunklen Welttheil zog, da war die Welt sehr ergriffen, die ganze Culturwelt. Und wie gering sind diese Unternehmungen gegen meine. Heute muß ich noch sagen: gegen meinen Traum.[59]

Dabei sieht Herzl zu dieser Zeit bereits seinen Traum von der Gründung des Judenstaats durchaus als den ersten – konkreten – Schritt zu seiner Verwirklichung an. In einer Aufzeichnung seines Gesprächs mit Baron Hirsch, den er für die zionistische Sache zu gewinnen versucht, schreibt Herzl:

> Glauben Sie mir, die Politik eines ganzen Volkes – besonders wenn es so in aller Welt zerstreut ist – macht man nur mit Imponderablien, die hoch in die Luft schweben. Wissen Sie, woraus das deutsche Reich entstanden ist? Aus Träumereien, Liedern, Phantasien und schwarzrotgoldenen Bändern. Und in kurzer Zeit. Bismarck hat nur den Baum geschüttelt, den die Phantasten pflanzten.[60]

---

[57] Herzl, Die schöne Rosalinde (Anm. 1), S. 187.
[58] Herzl, Sarah Holzmann (Anm. 1), S. 49.
[59] Herzl, Briefe und Tagebücher (Anm. 5), Bd 2, S. 43.
[60] Ebd., S. 65.

Wie in dem Theaterstück »Das neue Ghetto« (1894), in dem Herzl zum ersten
Mal das »jüdische Problem« öffentlich artikulierte, tauchen mit Sarah Holz-
mann und ihrer Mutter zum ersten Mal in den Erzählungen explizit jüdische
Figuren auf, die auch als solche gekennzeichnet sind. Ebenso wird hier das
Motiv des Außenseitertums und der Isolation spezifisch als jüdisches Schicksal
ausgewiesen:

> Herrn Hellmund fiel es zum erstenmal auf, daß Frau und Fräulein Holzmann von
> den anderen Damen gänzlich abgesondert waren. Die Übrigen, auch die Fremdesten,
> sprachen doch ab und zu miteinander, und die jungen Mädchen schäkerten, kicher-
> ten, spielten Tennis auf der Wiese oder Gesellschaftsspiele im Salon, wenn es regne-
> te. Nur Sarah Holzmann war immer einsam.[61]

Mit diesem offenen Bekenntnis zur jüdischen Problematik kommt die Überwindung von Herzls Ambivalenz gegenüber seiner jüdischen Herkunft zugunsten eines offenen Bekenntnisses zu seinem Judentum zum Ausdruck. Es spiegelt die mit dem »Neuen Ghetto« eingeleitete neue »Judenpolitik« Herzls wider,
welche die Judenfrage zur öffentlichen Diskussion stellen wollte.[62]

   An »Sarah Holzmann« schließt sich eine Reihe von Erzählungen an, wie
»Das lenkbare Luftschiff« (1896), »Das Wirtshaus zum Anilin« (1896) und
»Der Unternehmer Buonaparte« (1900). In ihnen gelangen die Protagonisten,
wie Herzl selbst, zu »neuen, ernsteren Lebensinhalten«, wie es Karl Kraus in
seinem Pamphlet »Eine Krone für Zion« so sarkastisch wie zutreffend formu-
liert hat.[63] Auch in diesen Erzählungen ist ein Trauma das auslösende Moment
einer inneren Wandlung, die aus der Ohnmacht zur Selbstermächtigung führt:
»Die Verzweiflung ist ein kostbarer Stoff, aus dem sich die herrlichsten Dinge
erzeugen lassen: Mut, Selbstverleugnung, Standhaftigkeit, Aufopferung ...«[64]
Wo jedoch früher das Mittel zur Lebensbewältigung vor allem im Bereich der
Kunst gefunden wurde, wird jetzt das Leid funktionalisiert zur altruistischen,
realitätsbezogenen Tat, die angetan ist, den leidenden Mitmenschen konkret zu
helfen. In der Erzählung »Das Wirtshaus zum Anilin« unternimmt der von
Genüssen übersättigte, am Rande des Selbstmords stehende Ich-Erzähler den
Schritt aus einer selbstbezogenen, sinnlosen Existenz zur erlösenden sozialen
Tat. Ausgelöst wird diese innere Wandlung durch die Begegnung mit den
erschöpften Arbeitern einer Anilinfabrik: »Wie ich diese erschöpften Gestalten
vorüberziehen sah, empfand ich plötzlich das Bedürfnis, ihnen wohlzutun.«[65]
Die Gewinnung von Anilin aus dem Abfallprodukt Teer wird ihm zum Gleich-
nis für sein Leben:

---

61 Herzl, Sarah Holzmann (Anm. 1), S. 48.
62 Herzl, Briefe und Tagebücher (Anm. 5), Bd 1, S. 49.
63 Karl Kraus: Frühe Schriften 1892–1900. Hg. von Johann H. Braakenburg. München:
   Kösel 1979, Bd 2: 1897–1900, S. 314.
64 Herzl, Das Wirtshaus zum Anilin (Anm. 1), S. 264f.
65 Ebd., S. 263.

War nicht mein Leben, das ich wegschleudern wollte, ein solcher Fabrikationsrest, aus dem sich vielleicht noch Gutes ziehen ließ? Und wie ich erschüttert weitersann, brach in mir die frühere spöttische, feige und düstere Weltanschauung zusammen und etwas Neues stieg herauf, das freilich Jahre brauchte, bis es so fest und heiter wurde, wie es heute ist. Statt mich umzubringen, baute ich hier mein Haus und nannte es erinnerungsvoll und hoffnungsvoll: zum Anilin![66]

In der Erzählung »Der Unternehmer Buonaparte« wird die demütigende Weigerung der Armee, dem tapferen »General« Buonaparte seinen Generalsrang zu bestätigen, zum Anlaß, seinem Leben eine neue Richtung zu geben. Er tritt aus der Armee aus und bemüht sich um die Linderung der Not der unter den Nachwehen der französischen Revolution leidenden Pariser Bevölkerung. Buonaparte richtet zunächst einen für alle Seiten nützlichen Proviantdienst ein. Schließlich wandelt er sein Geschäft um und vergrößert es:

Er kaufte Gegenstände zusammen, die in der Schreckenszeit tief im Werte gesunken waren. [...] Sein Plan war einfach und groß: er wollte das Warenhaus des Universums schaffen. Und er schuf es. Niemand wußte, wozu er diese mannigfaltigen, zusammenhangslosen Sachen aufstapelte. Es wäre ein wahnsinniges Durcheinander gewesen, ohne seinen ordnenden Geist.[67]

Aus dem »Chaos der Waren« schafft Buonaparte »eine Einheit«, ein »Magazin des Weltalls«.[68]

In diesen Erzählungen findet sich nicht mehr, wie in den früheren Erzählungen, die unerlöste Bitterkeit über vergangene erlittene Demütigungen. Vielmehr wird das Leiden nun bejaht: »Wer ein Mensch ist, will und soll erkennen, und er klärt sich im Leiden.«[69] Weder der Unternehmer Buonaparte noch der Eigentümer des Wirtshauses zum Anilin grübeln über ihre leidvolle Vergangenheit nach. Sie gehen völlig in ihrer gegenwärtigen Aufgabe auf und sind erfüllt von einer Zukunftsfreudigkeit, die nur ein schöpferisch tätiger Geist empfinden kann. Diese Erzählungen lesen sich wie Allegorien von Herzls eigenem Wandel vom richtungslosen, egozentrischen jungen Journalisten, dessen einziger Ehrgeiz es war, als »deutscher Schriftsteller« zu Ruhm zu kommen, zum altruistischen Schöpfer der zionistischen Bewegung, mit der er der Not des jüdischen Volkes ein Ende setzen wollte. Die Gewinnung von Anilin aus dem »Abfallprodukt Teer« wird ebenso wie die Arbeit am »Magazin des Weltalls«, das der General und Unternehmer Buonaparte aufbaut, zum Gleichnis für Herzls eigenes Unternehmen, aus den marginalisierten Massen der Judenheit eine selbstbewußte Gemeinschaft und aus dem Chaos der destabilisierten jüdischen Identität ein neues, gefestigtes jüdisches Selbstbewußtsein zu schaffen. Die Beschreibung der Arbeit Buonapartes an seinem »Magazin des Weltalls« durch seinen ehemaligen Kampfgefährten, den Wirt Petout, liest sich denn auch wie eine Beschreibung von Herzls Aufbau der zionistischen Bewegung:

---

[66] Ebd., S. 264.
[67] Herzl, Der Unternehmer Buonaparte (Anm. 1), S. 247f.
[68] Ebd., S. 248.
[69] Herzl, Das Wirtshaus zum Anilin (Anm. 1), S. 262.

Ich war jeden Tag in seiner Nähe, ich sah Alles, was er machte, und doch hatte ich das Gefühl, daß eine Zauberei geschehen sei, als er einen Komplex von Häusern miteinander verband, Zwischenmauern niederreißen ließ und Übergänge herstellte. [...] Alle Fäden liefen in seiner Hand zusammen. Er verstand sich auf jede Ware [...]. Er kannte jede Fabrikation und wußte von jedem Stück, wann es gebraucht werden würde. [...] Er gab die kommende Mode an. Um den alten Waren einen Abfluß zu sichern, richtete er in der Provinz Zweigniederlassungen ein. Seine Brüder und Schwäger wurden die Leiter dieser Filialen [...] – kurz Alle, die mit ihm irgendwie verwandt oder bekannt waren, bekamen große Posten. In der Zentrale waren seine Hauptgehilfen Leute, die er irgendwo aufgegabelt und liebgewonnen hatte, fast lauter Undankbare. Er sah aber immer über die kleinen großgemachten Menschen hinweg ins Weite.[70]

Zugleich erzählen diese Geschichten auf einer metaphorischen Ebene auch von Herzls Problemen beim Aufbau der zionistischen Bewegung. Die Zweifel und eine gewisse pessimistische misanthropische Bitterkeit, die sich in diesen Erzählungen finden, leiten sich jedoch hier aus den enormen Anfechtungen her, mit denen Herzl zu kämpfen hatte und die ihn immer wieder an den Rand der Verzweiflung brachten. So zerstört der Erfinder in »Das lenkbare Luftschiff« (1896), in dem Herzl eine Metapher für sein zionistisches Unternehmen sah, sein Werk in bitterer Enttäuschung darüber, daß die Welt seine Erfindung verhöhnt und nicht an sie glaubt:

Ich habe mir Wort gehalten, das war die Hauptsache, und einige Freunde, die ich schätze, wissen es. Für die Menschen im Allgemeinen will ich nichts tun; denn sie haben mich gequält, als ich arm und schwach war, und sie haben mir durch ihre Erbärmlichkeit Ekel eingeflößt, als ich erstarkte. Für die sind Korkzieher, Sparbügeleisen und Gasglühlampen genug. Die Menschen sind nicht wert, zu fliegen. Für das, was sie sind, ist Kriechen noch lange gut.[71]

Wie Joseph Müller, der Erfinder des Luftschiffs, muß auch der Unternehmer Buonaparte den Undank seiner engsten Familie und seiner Freunde erfahren, für die er sich aufgeopfert hat. Er jedoch »sah immer über die kleinen großgemachten Menschen hinweg ins Weite«.[72] Er läßt sich auch nach dem Zusammenbruch seiner Unternehmungen nicht entmutigen. So alt und entkräftet er ist, erklärt er seinem letzten ihm noch verbliebenen Freund »einen neuen Plan für den Aufbau eines noch viel größeren Magazins zum Weltall«.[73] Aber auch in der Erzählung »Das lenkbare Luftschiff« klingt im abschließenden Urteil einer der Zuhörer noch eine hoffnungsvolle Note und die Mahnung zu Versöhnung und Großmut auf:

Joseph Müller war im Unrecht, und vor allem hat er die Tragweite seiner Erfindung nicht verstanden. Er durfte nicht an die Menschen seiner Zeit denken und am wenigsten an die Armseligen seiner nächsten Umgebung. Wer die Zukunft vorbereitet, muß über die Gegenwart hinwegblicken können. Die besseren Menschen werden kommen.[74]

---

[70] Herzl, Der Unternehmer Buonaparte (Anm. 1), S. 248.
[71] Herzl, Das lenkbare Luftschiff (Anm. 1), S. 38.
[72] Herzl, Der Unternehmer Buonaparte (Anm. 1), S. 249.
[73] Ebd., S. 252.
[74] Herzl, Das lenkbare Luftschiff (Anm. 1), S. 38.

Herzl bekennt sich damit trotz aller Enttäuschungen, die ihm seine Aufbauarbeit an der zionistischen Bewegung eintrug, zum zukunftsbejahenden Sinn seines Werkes. In seinen *Philosophischen Erzählungen,* die den langen, ambivalenten Prozeß der Selbsterkundung nachzeichnen, wird schließlich die melancholische Resignation über den gescheiterten Traum der Assimilation, die den Hintergrund seiner frühen Erzählungen bildete, überwunden durch den messianischen Erlösungsgeist seines zionistischen Aufbauwerkes. Wie die egozentrischen Dekadents und Außenseiter seiner Erzählungen findet auch Herzl durch seine Vision von der Erlösung der Gemeinschaft seinen Platz und seine Erfüllung im Schosse dieser Gemeinschaft. Die Ambivalenz wird schließlich überwunden in einer stabilen jüdischen Identität.

Sarah Fraiman-Morris

Richard Beer-Hofmanns Suche nach der Transzendenz: »Schlaflied für Mirjam« und »Der Tod Georgs«

Richard Beer-Hofmann wird, zusammen mit Arthur Schnitzler, Hugo von Hofmannsthal und Hermann Bahr, als einer der Hauptrepräsentanten der Dichtergruppe *Jung-Wien* gesehen. Doch sein Hauptwerk, seine biblischen Dramen *Jaákobs Traum* (1915) und *Der junge David* (1933) stehen außerhalb dieses Rahmens. Bloß seine frühen Werke können der ästhetisierenden Richtung des *Jung-Wien* zugerechnet werden. Die Protagonisten seiner ersten Erzählungen sind Schnitzlers *Anatol* verwandt bezüglich ihres Narzißmus und ihrer an der Gefühlskultur des *fin-de-siècle* geschulten übertriebenen Selbstreflexion. Außerdem glaubte Beer-Hofmann an die Notwendigkeit des Gesamtkunstwerkes, das in der Malerei und der Musik des *fin-de-siècle* propagiert und angestrebt wurde. Wie Hugo von Hofmannsthal in seinem *Chandos-Brief* die Ohnmacht des Wortes ausdrückte, sah auch Beer-Hofmann die Notwendigkeit des Visuellen und Auditiven für das sprachliche Kunstwerk. Sogar in seinen späteren Werken sind diese Elemente konstitutiv für die Aussagekraft: Beer-Hofmann illustrierte sein Schauspiel *Der junge David* selber, und das Musikalische spielt in seinen Dramen eine wichtige Rolle.[1] Doch schon zur Zeit der Hochblüte des *Jung-Wien*, in den letzten Jahren des 19. Jahrhunderts, läßt sich bei Beer-Hofmann ein Übergang vom Ästhetizismus der *Jung-Wiener* zu einer noch tastenden Gottessuche feststellen. In seinem Artikel »Edges of Eternity«[2] behauptet Jakob Hessing, Richard Beer-Hofmann sei der einzige unter den Dichtern des *Jung-Wien*, der, konfrontiert mit dem Bankrott der säkularen Welt, sich in den alten Bund mit dem Gott der Juden zu retten suchte – allerdings vergeblich. Meiner Ansicht nach gelang es Beer-Hofmann zum mindesten besser als allen andern jüdischen Schriftstellern deutscher Zunge, die Beziehung zum Gott seiner Vorväter wiederherzustellen. Dieser sein Versuch blieb allerdings beschränkt auf eine lebenslängliche Suche und ist darin repräsentativ für den modernen Menschen, dem eine tief gefühlte, echte Religiosität fremd bleibt.

---

[1] Sarah Fraiman: Judaism in the Works of Beer-Hofmann and Feuchtwanger. New York: Lang 1998 (Studies in German Jewish History; 3), S. 50–53.

[2] Jakob Hessing: Edges of Eternity. Richard Beer-Hofmann and Sigmund Freud. Österreich-Konzeptionen und jüdisches Selbstverständnis. Identitäts-Transfigurationen im 19. und 20. Jahrhundert. Hg. von Hanni Mittelmann und Armin Wallas. Tübingen: Niemeyer 2001 (Conditio Judaica. Studien und Quellen zur deutsch-jüdischen Literatur- und Kulturgeschichte; 35), S. 77–83, hier S. 77f.

Beer-Hofmanns Suche nach Gott reflektiert sich sehr sublimiert in seinem Gedicht »Schlaflied für Mirjam« (1897/1898).[3] Doch in »Der Tod Georgs«, der Erzählung, die Beer-Hofmann 1893 begann, die er aber erst zwischen 1896 und 1898 fertigstellte, nachdem er im Dezember 1895 seine Frau Paula kennengelernt hatte, ist diese Gottessuche noch evidenter. Eine adäquate Interpretation des Gedichtes muß sich, seiner elliptischen Kürze wegen, auf eine parallele Lesung der Erzählung stützen. Schon formal bestehen Parallelen zwischen dem Gedicht und der Erzählung: beide sind unterteilt in vier Abschnitte,[4] wobei im ersten eine Beziehung zu Gott völlig fehlt, im zweiten und dritten eine Entwicklung stattfindet und im vierten eine Kehrtwendung erfolgt.

In Beer-Hofmanns frühester Erzählung, »Camelias« (1891) gibt es noch keine Referenzen zu Gott. Der unbeschränkte Ästhetizismus, typisch für Literatur und Kunst des *fin-de-siècle*, dominiert diese Erzählung. Auch in »Das Kind« (1983) ist Beer-Hofmanns Ästhetizismus noch nicht überwunden.[5] »Der Tod Georgs« hat eine auffallende ästhetische Qualität: typische Jugendstil-Symbole (langstielige Blumen, Goldfische, Pfauenfedern, Pärke und Seen, Frauen mit langem wellendem Haar, zerbrechlich und fast geschlechtslos) durchsetzen die Erzählung,[6] und Beer-Hofmanns Sprache erreicht eine Musikalität und Schönheit wie in keinem seiner früheren oder späteren Werke. Doch diese ästhetische Form dient bloß als Hülle eines gedankentiefen Inhalts. Und in beiden Erzählungen findet sich ein klares Suchen nach Gott. Auffallend ist, daß beide Protagonisten den Namen »Paul« tragen; als wollte Beer-Hofmann an den biblischen Paul erinnern, der vom jüdischen Schaul zum christusgläubigen Paulus wurde. Bei Beer-Hofmann geht die Bewegung allerdings umgekehrt: der einer säkularisierten römisch-katholischen Umwelt angehörende Österreicher Paul findet zurück zu seinen jüdischen Wurzeln.[7]

In »Das Kind« versucht Paul, überwältigt von Schuldgefühlen, zu beten, aber er entdeckt, daß er sich zu weit entfernt hat vom einfachen Glauben seiner Kindheit.[8] Doch »war nicht die Sehnsucht, zu glauben, der erste große Schritt

---

[3] Das Datum wird verschieden angegeben. Mirjam wurde im September 1897 geboren. In der Erstausgabe steht ausdrücklich: »Geschrieben im Jahre 1898«.

[4] Das Gedicht in vier Strophen, die Erzählung in vier Kapitel.

[5] So folgert auch Günther Helmes in: Beer-Hofmanns »Kind« ist ein prächtiger, gesunder Bengel. In: Richard Beer-Hofmann (1866–1945). Studien zu seinem Werk. Hg. von Norbert Otto Eke und Günther Helmes. Würzburg: Königshausen & Neumann 1993, S. 57–85, hier S. 81.

[6] Jens Malte Fischer: Richard Beer-Hofmann. Der Tod Georgs. Sprachstil, Leitmotiv und Jugendstil in einer Erzählung der Jahrhundertwende. In: Sprachkunst 2 (1971), S. 211–227, hier S. 224–227.

[7] In »Das Kind« versucht Paul allerdings vergeblich, die Verbindung mit seiner gläubigen Kindheit wiederherzustellen, und wir wissen auch nicht, ob Paul jüdisch ist, obwohl seine Erinnerung ans Beten wahrscheinlich auf autobiographischem Erleben Beer-Hofmanns beruht.

[8] Dies beruht wahrscheinlich auf Beer-Hofmanns eigenem Erleben. Vgl. Fraiman, Judaism in the Works of Beer-Hofmann and Feuchtwanger (Anm. 1), S. 30–31.

zum Glauben selbst?«[9] Dann benutzt Paul das Ästhetische zur Ablenkung von seinem inneren Aufruhr:

> Durch die Pforten der Sinne wollte er sein Empfinden nach außen hin jagen, daß es endlich abließe von dem *einen* Gedanken, der in seinem Innern zu Tode gehetzt blutete.   (Das Kind, S. 72)

Ästhetik als Ersatz für tiefere Erfahrungen ist charakteristisch für die geistige Haltung des *fin-de-siècle*.

Paul kann der Konfrontation mit seinem Schuldgefühl darüber, daß er sein Kind sterben ließ, nicht entweichen. Rasch jedoch dirigiert er die Schuld von sich weg und in Richtung Natur, die er als »die große Sünderin« bezeichnet, denn die Natur kennt keine Moral. Paul sieht die Natur als göttlich, »sie, die ewig war, ohne Anfang und Ende« (Das Kind, S. 78). In diesem Sinn wäre auch Gott nicht moralisch. Ein solcher Gedanke Beer-Hofmanns aus ungefähr derselben Zeit ist festgehalten in einer Tagebuchaufzeichnung vom 14. September 1894: »Faßt man Gott als Künstler auf so versteht man die Welt, er ist dann ›Jenseits von Gut und Böse‹, er ist gewissenhaft.«[10]

Paul behauptet sogar, die Menschen erfänden die Moral für sich selber und projizierten moralische Werte in die Natur, kreierten also »eine Gottheit nach unserem Ebenbilde«.[11] Paul kehrt das traditionelle Konzept, daß Gott den Menschen nach seinem Bilde geschaffen, um: nach Paul kreiert sich der Mensch eine Illusion von Gott, und nicht Gott ist der Ursprung der moralischen Wertmaßstäbe, sondern der Mensch selber: »Um nicht Eintagsfliegen zu gleichen, um ein Schicksal zu haben, erfanden wir uns Tugend und Laster.« (Das Kind, S. 78). Die Moral hat somit keine Verbindlichkeit, sie ist willkürlich. Paul dekonstruiert das herkömmliche religiöse Konzept vom göttlichen Ursprung der Moral. Die logische Folgerung von Pauls Überlegungen ist eine existentialistische Haltung: wir Menschen sind bloß »Keime, von einer Welle an den Strand des Daseins geschleudert – und hinweggespült von der nächsten« (Das Kind, S. 78). Es gibt keinen (sichtbaren) Schöpfer, keinen Schöpfungsplan, folglich keine Logik in Welt und Universum, und das Dasein des Menschen verfolgt keinen Zweck.

Doch daß das Konzept ›Gott‹, wenn auch in dekonstruierter Weise, im Text vorkommt, zeigt eine innere Beschäftigung des Protagonisten (und Beer-Hofmanns) mit diesem Konzept. In einem Brief an Hugo von Hofmannsthal von

---

[9] Richard Beer-Hofmann: Das Kind. In: Große Richard Beer-Hofmann Ausgabe in sechs Bänden. Hg. von Günther Helmes. Paderborn: Igel 1993, Bd 2: Novellen, S. 7–82, hier S. 57. – Im folgenden zitiert als »Das Kind« mit zugehöriger Seitenzahl.

[10] Eugene Weber: Richard Beer-Hofmann in Italien. Unveröffentlichte Aufzeichnungen aus dem Jahre 1894. In: Neue Zürcher Zeitung, 9./10. August 1975, S. 39.

[11] Das Kind, S. 78. Günther Helmes' sonst ausgezeichnete Analyse der Erzählung ignoriert diese Passage vollständig. Alo Allkemper hingegen folgert, die Moral sei »lediglich Produkt menschlicher Hybris« und »die Natur exkulpiert den Menschen vom moralischen Tun.« Vgl. Alo Allkemper: Tod und Leben. Zum Todesmotiv bei Richard Beer-Hofmann. In: Richard Beer-Hofmann (Anm. 5), S. 34–56, hier S. 41.

1892 nennt Beer-Hofmann Gott etwas sarkastisch »den großen Herrn da oben, der unsere Schicksale schreibt, oder richtiger: dictiert, was für ein krasser Realist der ist«.[12] Richard Beer-Hofmann war als Kind religiös, und ein unterschwelliges religiöses Grundgefühl blieb in ihm lebendig auch zu Zeiten, wo er sich von Gott entfremdet hatte.[13] Als Beer-Hofmann Paula kennenlernte, am 5. Dezember 1895, brachen seine lange latent gebliebenen religiösen Gefühle durch.[14] Diese plötzliche Veränderung wird evident in »Der Tod Georgs«, der Erzählung, die nach dem ersten Kapitel ins Stocken kam und an der Beer-Hofmann erst weiterarbeitete, nachdem er Paula kennengelernt hatte. (Fraiman, *Judaism*, 18, 21). Vom zweiten Kapitel an wird Gott zu einem Thema:

Pauls Frau – die Frau, die er im Traum als seine Frau erlebte – hatte einen starken Glauben an Gott, den Paul in ihr sukzessive zerstörte und ersetzte mit einer ästhetischen Sicht der Welt. Dieser Prozeß wird zur Ursache ihres Todes.[15] Die Tempelvision im zweiten Kapitel (GW 535) beschreibt ein archaisches religiöses Ritual. Im dritten Kapitel kreisen Pauls Gedanken mehrmals um Transzendentes. So ist des Bauern Existenz bestimmt von einer Macht über ihm:

> Nicht der Wille des Einzelnen formte die Regel für ihr Tun, und das Gelingen hing nicht an Laune und Gunst von Menschen. Aus Ungemessenem kam zu ihnen, was ihnen befahl.
>
> (GW 591)

Im vierten Kapitel manifestiert sich die Ahnung einer verhüllten Gottheit auch im Bewußtsein des Protagonisten. Paul gibt die mögliche Existenz einer Gewalt zu, welche im Moment des Übergangs zwischen Leben und Tod Irrtümer berichtigen und menschliches Los verändern könnte (GW 610). Paul interpretiert eine Statue im Park, ihre Augen abschirmend von einer Sonne, die an einem bedeckten, nebligen Herbsttag nicht sichtbar am Himmel steht, als Symbol des Menschen, der sich der immerwährenden, wenn auch oft verhüllten Transzendenz bewußt sein sollte:

> Ziemte es sich nicht, auch vor der verhüllten Möglichkeit gerechter Lose, ehrfürchtig seine Augen zu beschatten, so wie die steinerne Frau – da, vor ihm, auf dem Delphin – ihre Augen vor den leuchtenden Strahlen einer Sonne beschattete, die, wenn auch ungesehen, blendend am Himmel stand.
>
> (GW 610)

---

[12] Hugo von Hofmannsthal / Richard Beer-Hofmann: Briefwechsel. Hg. von Eugene Weber: Frankfurt a. M.: Fischer 1972, S. 9.

[13] Fraiman, Judaism in the Works of Beer-Hofmann and Feuchtwanger (Anm. 1), S. 30–31. Siehe Pauls Versuch zu beten in »Das Kind«, S. 57–59.

[14] Richard Beer-Hofmann: Gesammelte Werke. Frankfurt a. M.: Fischer 1963, S. 766 [im folgenden zitiert als GW und zugehöriger Seitenzahl]. Fraiman, Judaism in the Works of Beer-Hofmann and Feuchtwanger (Anm. 1), S. 29–41.

[15] GW 561, 563. Walter Sokel behauptet zu Recht, daß Pauls Narzissmus, der ihn dazu verführte, Gott zu spielen, die Todesursache ist. Vgl. Walter Sokel: Narzißmus und Judentum. Zu Richard Beer-Hofmanns *Der Tod Georgs*. In: Literatur und Kritik 23 (1988), S. 8–20, hier S. 10.

Auffällig ist die Benutzung von Euphemismen zur Benennung der transzendenten Gewalt, der jetzt auch zum ersten Mal die Eigenschaft der Gerechtigkeit
attribuiert wird. Pauls Reflexionen um Gerechtigkeit und Gesetz im Universum
führen schließlich zu Gedanken über die Schöpfung, welche Paul versteht als
initiiert durch »ein einziges Wort vielleicht, das alles enthielt«. »Ein Wort nur
hatte sich herabgesenkt, und aller Glanz ging von dem einen aus: Gerechtigkeit.«
(GW 616) Paul setzt nun Gerechtigkeit gleich mit einer göttlichen Macht:

> Sie aber, die Herrin war über allen Sonnen [...] Einmal am Urbeginn hatte sie ihr Ge-
> setz verkündet – ein einziges Wort vielleicht, das alles enthielt – und ehe es noch ver-
> klungen [...] hub es zu wirken an: zur Tiefe wollten alle Wasser, alle Feuer lechzten
> nach oben, und nach Gesetzen hoben sich aus verhüllten Nebelmeeren alle Keime, und
> wurden, und waren, und waren gewesen, und verwesten zu neuem Sein.   (GW 616)

Die Keime, die in »Das Kind« als zufällig »an den Strand des Daseins« ge-
schwemmt gesehen wurden, sind nun Teil eines Schöpfungsplanes, eines ewigen
Lebenszyklus. Die Beschreibung dieses Schöpfungsprozesses ähnelt dem bibli-
schen Bericht, nur daß anstelle von ›Gott‹ ›Gerechtigkeit‹ gesetzt wird. Gegen
Ende der Erzählung (GW 621) werden dann tatsächlich die Begriffe ›Gott‹ und
›Gerechtigkeit‹ parallelisiert.

Pauls Reflexionen (GW 619) demonstrieren, daß er nun einen Sinn und
Zweck in der Schöpfung und in des Menschen Dasein sieht. Vergleichbar mit
Beer-Hofmann, der simultan Gott und einen Sinn im Universum fand (GW 766),
findet Paul existentielle Sicherheit durch den Glauben an eine sinnvolle Schöpfung: »Wie Heiliges waren Leib und Seele ihm behütet; seine Füsse sicher
[...].« (GW 619f.) Diese Erfahrung gleicht einem Wunder, und Beer-Hofmann
evoziert folglich eine Metapher, die zwei biblische Wunder – das Durchschrei-
ten des Roten Meeres (Exodus 14, 21–22) und Moses' Schlagen an den Felsen,
worauf dem Wasser entströmt (Exodus 17, 6) – kombiniert:

> [...] wenn er hindurchschritt, stand es wie eine Mauer zu seiner Rechten und Linken.
> Angst war ihm fremd; denn woran er schlug – an Verschlosseneres als Felsen –
> Recht brach für ihn daraus hervor wie sprudelndes Wasser.   (GW 620)

Beer-Hofmann schrieb den größten Teil von »Der Tod Georgs« 1897 und
1898, zur selben Zeit, als er auch das Gedicht »Schlaflied für Mirjam« verfaß-
te. Deshalb ist nicht erstaunlich, daß die meisten im »Schlaflied« adressierten
Ideen auch in »Der Tod Georgs« vorkommen.

Das erste im »Schlaflied« vorkommende Bild, der Sonnenuntergang, findet
sich sogar schon am Ende von »Das Kind«: »Die Sonne! Da ging sie unter! [...]
sank sie hinab, langsam, feierlich, zwischen Flammen verblutend.« (Das Kind,
S. 81) Entsprechend der Glorifizierung des Todes in der Literatur des *Jung-Wien*
wird dieser Sonnentod ästhetisch, als prächtig und königlich, rezipiert:

> Paul war es nicht, als tauche sie hinab, um morgen wiederzukehren, sondern als
> stürbe sie heute, ein König im vollen Ornate, gehüllt in seinen Purpurmantel, dessen
> Gold und Edelsteine noch einmal flammend aufblitzten, ehe ihr Glanz in strömen-
> dem Blute ertrank.   (Das Kind, S. 81)

Im Gegensatz dazu erscheint die Sonne im »Schlaflied« rein pragmatisch als
Metapher der Vergänglichkeit (»Sieh, wie die Sonne zur Ruhe dort geht. / Hinter den Bergen stirbt sie im Rot«).

Die knappen Reflexionen des »Schlaflied« werden in »Der Tod Georgs«
breiter entwickelt als Bestandesaufnahme von Pauls geistigem und seelischem
Zustand: das Bewußtsein von des Menschen Einsamkeit in der Welt;[16] die Einsicht, daß des Menschen Erfahrungen nicht an die nächste Generation weitergegeben werden können;[17] das Wissen um des Menschen Orientierungslosig-
keit in der Welt.[18] Doch sobald Paul im vierten Kapitel die Möglichkeit einer
transzendenten Macht kontempliert (GW 610), beginnt er umzudenken, und
seine vorherige Denkweise erscheint ihm nun verfehlt:

> Rings um sich hatte er Einsamkeiten gelegt. [...] Von nirgends konnte Hilfe kommen,
> mit ihm alterte alles, alles starb seinen Tod, und alle Gestirne erloschen mit ihm. So
> war er gewesen. Und *eine* Abendstunde konnte solche Klarheit ihm bringen, und ihr
> Licht über sein Leben werfen und von allem Früheren ihn scheiden.   (GW 615f.)

Paul kommt zur Einsicht, daß wir *alle* verwoben sind mit *allem* Leben:

> Denn was einer auch lebte, er spann nur am nichtreißenden Faden des großen Le-
> bens, der – von andern kommend, zu andern – flüchtig durch seine Hände glitt, ein
> Spinner und, wie sein Leben sich mit hineinverflocht, Gespinst zugleich für die nach
> ihm. Unauflöslich war ein jeder mit allem Früheren verflochten [...]. Keiner durfte
> für sich allein sein Leben leben.   (GW 617)

Dies entspricht der Einsicht im »Schlaflied« in der vierten Strophe: »In uns sind
Alle. Wer fühlt sich allein?« Das Verbundensein des Einzelnen mit der ganzen
Schöpfung geht über Zeit und Raum hinaus und überbrückt Generationen und
Jahrhunderte. So sinniert Paul: »Schauer, die wir nicht begriffen, rührten uns an;
unserm Blut aus Geschicken der Vorfahren vererbt [...].« (GW 617) Derselbe
Gedanke taucht in der letzten Strophe des »Schlafliedes« auf: »Blut von Gewes-
nen – zu Kommenden rollt's, / Blut unsrer Väter, voll Unruh und Stolz.« Der
Begriff »Blut« wird zentral in der letzten Strophe des Gedichts und am Ende der
Erzählung. Nach der modernen Gentheorie enthält das Blut die für die geneti-
sche Eigenart jedes Menschen verantwortlichen Chromosomen. Und nach der
Bibel beinhaltet das Blut die Seele des Menschen.[19] Blut scheint für Beer-
Hofmann mehr zu sein als ein physikalisches Phänomen: es trägt ein seelisch-

---

16 Zweite Strophe des Schlaflieds; Der Tod Georgs, 3. Kapitel, GW 579f.: »Da wußte
    er, daß er allein war; er und alles.«

17 Dritte Strophe; Der Tod Georgs, 3. Kapitel, GW 595f.: »Viel hatte ihnen gehört!
    Aber jeder Tag hatte von ihrem [geistigen] Besitz gestohlen [...]. Nutzlos war alles
    Wissen; mächtige Worte fielen verwelkt von ihren Lippen, und sie schwiegen, weil
    einzig Schweigen nicht Lügen war.«

18 Zweite Strophe; Der Tod Georgs, 4. Kapitel, GW 607: »Fremd und sie nie erfassend
    war er in die Welt geworfen, in der er im Wachen lebte; wovon er nicht wußte, rühr-
    te ihn an, und was er tat, wirkte ins Unbekannte.«

19 1 Mose (Gen.) 9,4; 3 Mose (Lev.) 3,17; 7,26; 4 Mose (Deut.) 12,23.

geistiges Erbe von einer Generation zur andern. Beer-Hofmann drückte diesen Gedanken aus in der »Gedenkrede auf Wolfgang Amadé Mozart« (1906):

> Aus tiefgedüngtem, altem, bluterfülltem Boden wächst, was uns bewegt. Wer weiß, ob nicht ein ungestilltes Sehnen vieler Ahnen auf solchen, und nicht andern Lippen sich erfüllen will? Flammt nicht vielleicht aus unserem Hass die ungesühnte Qual von Toten? Und was rätselhaft mit eisigen Fingern im Dunkel uns umtastet – weht es aus noch nicht vergessenen Schauern einer alten Urnacht? (GW 650)

Das Konzept eines »Generationengedächtnisses« kommt bei jüdischen Schriftstellern häufig vor, so bei Jakob Wassermann, der den Begriff prägte (»Was ich an Traum und Vision in mir trage, setzt sich nicht nur aus eigenem Erlebten zusammen, sondern ist auch Vorfahrenerlebnis, Bluterlebnis.«),[20] bei Martin Buber (»Nicht die Art der Väter allein, auch ihr Schicksal, alles Pein, Elend, Schmach, all dies hat unser Wesen [...] mitgeformt.«),[21] Franz Werfel (Alfred Engländer im Roman *Barbara oder die Frömmigkeit* sagt: »Ich bin Jude und habe von meinen Vorfahren einen jüdischen Körper übernommen. [...] Es gibt keinen Menschenkörper auf der ganzen Welt, der so viel gräßliche Todeserfahrung, Todeserinnerungen hätte, wie der meine.«[22]), ja sogar schon bei Heinrich Heine (»Wie kann ich aus meiner Haut, die aus Palästina stammt, und welche von den Christen gegerbt wird seit achtzehnhundert Jahren!«[23]).

Ein häufiger Vorwurf der Forschung gegen das »Schlaflied« und gegen die Erzählung »Der Tod Georgs« ist, die Wendung zum Judentum komme unerwartet und stelle einen Bruch im Text dar.[24] Doch die Rückwendung zum Vergangenen wird in »Der Tod Georgs« schon im zweiten Kapitel vorbereitet, und viele dort erscheinende Sätze werden im dritten und vor allem im vierten Kapitel leitmotivisch wiederaufgenommen.[25] Der Gedanke der Verflechtung menschlicher Existenzen webt sich durch die ganze Erzählung und kulminiert in Pauls Realisierung seiner Zugehörigkeit zum jüdischen Volk, welche eng verknüpft ist

---

[20] Jakob Wassermann: Deutscher und Jude. Reden und Schriften 1904–1933. Hg. und mit einem Kommentar versehen von Dierk Rodewald. Heidelberg: Schneider 1984 (Veröffentlichungen der Deutschen Akademie für Sprache und Dichtung; 57), S. 233.

[21] Martin Buber: Der Jude und sein Judentum. Gesammelte Aufsätze und Reden. Köln: Metzler 1963, S. 15.

[22] Franz Werfel: Barbara oder die Frömmigkeit. Berlin, Wien, Leipzig: Zsolnay 1933, S. 274.

[23] In einem Gespräch mit Laube von 1839/40. Zitiert bei: Benno von Wiese: Signaturen. Zu Heinrich Heine und seinem Werk. Berlin: Schmidt 1979, S. 51.

[24] Zuletzt bei Allkemper, Tod und Leben (Anm. 11), S. 44f.

[25] So heißt es im zweiten Kapitel: »Eigensinnig folgte er den Spuren aller Dinge nach rückwärts, bis ihre Wege mit den Wegen alles Lebens unauflöslich sich verschlangen. Nichts sah er ahnenlos« (GW 550). »Alles war mit allem unlösbar verknotet« (GW 551). Im dritten Kapitel erscheint der Satz, der im vierten auf die Vorfahren Pauls gemünzt ist, als Charakterisierung des Bauern: »Am Faden des Lebens selbst schienen sie zu spinnen, der unzerreißbar – von andern kommend zu anderen – durch ihre schweren Hände glitt; Spinner und – wie sich ihr Leben mit hineinverflocht – Gespinst zugleich für die nach ihnen.« (GW 591)

mit der Erkenntnis Gottes:[26] im Moment der Visualisierung des jüdischen Volkes und seines Schicksals konkretisiert sich für Paul auch der Begriff »Gott«: die Transzendenz wird nicht mehr mit Euphemismen umschrieben, sondern beim Namen genannt:

> Denn über dem Leben derer, deren Blut in ihm floß, war Gerechtigkeit wie eine Sonne gestanden, deren Strahlen sie nicht wärmten, deren Licht ihnen nie geleuchtet und vor deren blendendem Glanz sie dennoch mit zitternden Händen, ehrfürchtig ihre leidenerfüllte Stirn beschatteten.[27]

> Vorfahren, die irrend, [...], bespien mit aller Schmach, wanderten; alle gegen sie, von den Niedrigsten noch verworfen – aber nie sich selbst verwerfend; nicht, in bettelhaftem Sinn, ihren Gott ehrend nach dem Maß seiner Gaben; im Leiden nicht zum barmherzigen Gott – zu Gott dem Gerechten rufend.[28]

Das jüdische Volk ist eng verbunden mit Gott und »vom Fühlen des gerechten Gottes so durchströmt wie vom Blut in ihren Adern« (GW 622). Volkszugehörigkeit und zu Gott finden sind eins für Paul.

Auch bezüglich des »Schlafliedes« wurde behauptet, ein Bruch bestehe zwischen der dritten und der vierten Strophe, die von Beer-Hofmann nachträglich ›angeklebt‹ worden sei. Doch, ähnlich wie in »Der Tod Georgs«, werden die Gedanken der letzten Strophe vorbereitet in der zweiten und dritten. Strophe eins bis drei präsentieren die Fragen, welche Beer-Hofmann beschäftigten vor seiner Begegnung mit Paula (des Menschen Vergänglichkeit, Einsamkeit und Blindheit) und deren Überwindung er in »Der Tod Georgs« entwickelte. Doch schon in der zweiten Strophe findet sich ein Hinweis auf eine neue Richtung. Beer-Hofmann erwähnt den wehenden Abendwind und bemerkt: »Weiß man, woher er kommt, wohin er geht?« Sören Eberhardt interpretiert den Abendwind als Metapher für das menschliche Schicksal: der Mensch weiß nicht, woher er kommt und wohin er geht.[29] Doch, gestützt auf spätere Texte Beer-Hofmanns, ist es offenbar, daß der Wind eine Metapher ist für Gottes Geist oder Gottes Wort.[30] Das Wort ›Wind‹ hat auf Hebräisch (*ruach*) die Doppelbedeutung ›Wind‹ und ›Geist‹ (Beer-Hofmann beherrschte genug Hebräisch, dies zu wissen). In Beer-Hofmanns Werk kommt dem Wind große Bedeutung

---

[26] Die Interpreten von *Der Tod Georgs* (Sokel, Narzissmus und Judentum [Anm. 15], S. 8–20; Erich Kahler: Der Tod Georgs. In: Modern Austrian Literature 17 [1984], Nr 2, S. 43–58; Allkemper, Tod und Leben [Anm. 11], S. 34–56) erwähnen diese Korrelation nicht.

[27] In diesem Abschnitt wird noch ein Euphemismus für Gott gebraucht: »Gerechtigkeit [...] wie eine Sonne«. Für Beer-Hofmann ist Gerechtigkeit eines der wichtigsten Attribute Gottes. Man beachte auch die Ähnlichkeit in diesem Paragraph zur Beschreibung (und Interpretation) der Statue im Park, welche ihre Augen vor der Sonne beschattet.

[28] GW 621. Gott wird in dieser Passage neunmal genannt.

[29] Sören Eberhardt: Geburt zum Tod – Leben durch das Judentum. In: Richard Beer-Hofmann (Anm. 5), S. 99–115, hier S. 105.

[30] Fraiman, Judaism in the Works of Beer-Hofmann and Feuchtwanger (Anm. 1), S. 31f.

zu; er wird häufig erwähnt (in »Der Tod Georgs« etwa fünfzigmal auf hundert Seiten, in »Das Kind« dreizehnmal auf siebzig Seiten), und oft in Verbindung mit Wolken und Wasser. Dies erinnert an den Beginn des 1. Buches Moses: »Und Gottes Geist (*ruach*) schwebte über den Wassern.« Der Wind in Beer-Hofmanns Werk ist eine göttliche, mit dem Menschen interagierende Kraft. Dies wird deutlicher in späteren Werken,[31] doch schon in den früheren Texten ist es spürbar. In *Der Graf von Charolais* (1904) wird ein Windstoß als Antwort auf ein Gebet interpretiert: »Da fuhr ein Windstoß rauschend / Herab / [...] ich war erhört von Gott.« (GW 381)

Beer-Hofmann beginnt die zweite Strophe des Gedichtes mit dem Erwähnen einer transzendenten Kraft (»Der Abendwind weht«), allerdings noch – wie im zweiten und dritten Kapitel von »Der Tod Georgs« – in euphemistischer Form.[32] Diese transzendente Kraft übersteigt des Menschen Verstehungsvermögen (»Weiß man, woher er kommt, wohin er geht?«). Gott existiert, er berührt den Menschen (der Wind weht), wird aber vom Menschen nicht perzeptiert. Deshalb versteht der Mensch auch den Zweck seiner eigenen Existenz nicht: »Dunkel, verborgen die Wege hier sind.« Das Wenige, das er während seines Daseins lernt, ist zwar sein persönlicher Gewinn, doch Erfahrungen und Einsichten können nicht weitergegeben werden:

> Schlaf mein Kind – und horch nicht auf mich!
> Sinn hat's für mich nur, und Schall ist's für dich.
> Schall nur, wie Windeswehn, Wassergerinn,
> Worte, vielleicht eines Lebens Gewinn!
> Was ich gewonnen, gräbt mit mir man ein,
> Keiner kann keinem ein Erbe hier sein –[33]

Nicht zufällig wird das Windeswehen in dieser Strophe – der dritten – nochmals erwähnt, diesmal zusammen mit Wasser. Der Erzähler differenziert zwischen dem, was seine Worte für seine Tochter bedeuten – leerer Schall –, und was für ihn: »eines Lebens Gewinn«. Parallel dazu erscheinen Gottes Worte (Windeswehen, das Murmeln des Wassers)[34] dem Menschen so bedeutungslos wie des Vaters Worte dem Kind. Im Gedicht ist »Windeswehn, Wassergerinn« gefolgt von »Worte« und abgetrennt durch ein Komma (nicht, wie man erwarten könnte, durch einen Punkt), was auf eine Parallelkonstruktion hinweist.

---

[31] Ebd., S. 31–34.

[32] Gabriella Rovagnati (Vaterschaft als Überwindung des Ästhetizismus. Das Schlaflied für Mirjam von Richard Beer-Hofmann. In: Annali della Facoltà di Lettere e Filosofia dell'Università degli Studi di Milano XLII [1989], S. 57–69, hier S. 68) behauptet, es existiere keine transzendente Dimension im Gedicht!

[33] Eine weitere Interpretationsmöglichkeit dieser Stelle ist, daß das Wort nicht die Macht hat, Erfahrungen adäquat auszudrücken – ein beliebtes Thema um die Jahrhundertwende und auch bei Beer-Hofmann zentral.

[34] Man beachte die Göttlichkeit des Wassers in der Romantik, siehe vor allem bei Novalis!

Der Mensch versteht Gottes Wort – Windeswehn, Wassergerinn – nicht, genau wie seine Worte, die Mitteilung seiner Erfahrungen, einem andern möglicherweise nur Schall bedeuten .

Die zweite und dritte Strophe des Gedichts führen den Begriff einer Transzendenz ein, allerdings noch in suchender, tastender Art. Doch während in der zweiten Strophe das Nichtverstehen der transzendenten Macht beim Menschen das Gefühl der Einsamkeit erweckt, initiiert die dritte Strophe eine neue Erkenntnis. Wie das Kind die Worte des Vaters nicht versteht, so kann der Mensch die Worte Gottes nicht enträtseln. Doch die Stimme des Vaters, und ebenso die gefühlte Präsenz Gottes, beruhigt und gibt Sicherheit.

Diese Erkenntnis führt in der vierten Strophe zu einer Umorientierung des Erzählers. Dieser beginnt erstmals mit der Ermunterung der Tochter, ihm zuzuhören, denn nun hat er etwas Wichtiges mitzuteilen: »Ufer nur sind wir, und tief in uns rinnt / Blut von Gewesnen – zu Kommenden rollt's. / Blut unsrer Väter [...]«. Die Metapher des Menschen als Keim, gespült an den Strand des Daseins, wird völlig umgekehrt: wir sind Ufer, fähig, etwas in uns zu tragen und weiterzugeben, das uns verbindet mit Vergangenem und Zukünftigem. Aus dem Keim, der von der Flüssigkeit dominiert wurde, wird das feste Uferbett, das dem Flüssigen Richtung gibt. Die Flüssigkeit, das Blut, symbolisiert das geistige und physische Erbe des jüdischen Volkes. Es kann sogar verstanden werden im Sinn von Seelenwanderung (das Blut enthält die Seele): unsere Körper vergehen, aber die Seelen sind unzerstörbar: »In uns sind Alle.« Die Seelen unserer Vorfahren sind vielleicht in uns: einerseits beleben sie uns, andererseits bilden wir ein Gefäß für ihre Seelen: »Du bist ihr Leben – ihr Leben ist dein.« Das Leben ist zyklisch und ewig, nicht vergänglich. Beer-Hofmann beendet das Gedicht mit dem Trost für seine Tochter, »mein Leben«, daß Vergänglichkeit nur scheinbar ist und daß unsere Seelen unabhängig von unserer physischen Existenz weiterleben werden. Dies ist eine religiöse Auffassung, die einen Glauben an etwas Göttliches voraussetzt. Wie in »Der Tod Georgs« ist die Rückkehr zu den Vorfahren verbunden mit einer Rückkehr zu Gott. Dennoch wird das Verhältnis zu Gott für Beer-Hofmann sein Leben lang ein problematisches voller Zweifel und Konflikt bleiben.

Mark H. Gelber

Interfaces between Young Vienna and the Young Jewish Poetic Movement

Richard Beer-Hofmann and Stefan Zweig

The following abbreviated depiction of a minor Zionist cultural event, which took place in Vienna almost one hundred years ago, is of certain interest. On February 10, 1907, the First Zionist Women's Organization of Vienna (Der 1. Wiener Zionistische Frauenverein) organized a literary evening in the Bösendorfer Saal in the city, in order to raise money for the Zionist orphanage in Palestine. Readings by four major literary figures, Jakob Wassermann, Richard Beer-Hofmann, Felix Salten, and Arthur Schnitzler, appeared on the program. A short, but quite enthusiastic article reported on this event in the Viennese Zionist newspaper *Die Welt* and specified the individual texts read by each author.[1] Wassermann read from »Das Los der Juden«, Salten from »Der Ernst des Lebens«, and Schnitzler from »Leutnant Gustl«. Regarding Beer-Hofmann, who was described as possessing a »deep Jewish soul« (»seine tiefe jüdische Seele«), the article affirmatively praised his moving poem »›Schlaf mein Kind‹, des innigen weichgestimmten ›Schlaf mein Kind‹« (›Sleep my Child‹, the heartfelt soft-voiced ›Sleep my Child‹).[2] This refers, of course, to the lullaby »Schlaflied für Miriam«, his most famous poem. As it turned out, that night the Zionist Women's Organization succeeded in raising the impressive sum of 2,500 Kronen (which was deposited in the Jewish Colonial bank) for the orphanage. This example of an extremely successful cooperative venture, which brings together literary figures normally associated with *Young Vienna* within the framework of the Zionist enterprise, serves as a useful point of departure for the following remarks.

My objective is to analyze points of contact between two ostensibly very different literary-poetical streams within the field of Viennese literature at the end of the 19th and at the beginning of the 20th century. One stream is *Young Vienna*; the other is the *Young Jewish* poetical movement, in German »die jungjüdische Dichtung« or »die jungjüdische Bewegung«. From a critical perspective it is not an easy matter to define either one of these poetical streams. The difficulty is related to inner aesthetic considerations, which derive from the specific texts, and to the external criteria of authorial affiliation, publication context, or reception conditions.

---

[1] T.: Vorlesung jüdischer Schriftsteller in Wien zugunsten des zionistischen Waisenhauses. In: Die Welt, vol. 11, no. 9 (March 1, 1907), p. 18.

[2] Ibid.

By choosing the examples of Richard Beer-Hofmann and Stefan Zweig for the purpose of this analysis, two very different kinds of interfacing and literary overlapping between these two streams can be illuminated. In a larger sense, the independence and inviolability of literary and cultural movements are challenged by the analysis provided by these cases, despite the widespread tendencies to categorize writers and texts neatly within the specific boundaries of individual movements. This challenge is valid not only for Vienna at the end of the last century, but rather points to a more general truth, characteristic of literary and cultural movements in many places and at different times.

The concept *Young Vienna* cannot be delimited in a cursory manner; at least there seems to be no general consensus about it among critics. There are serious theoretical and practical problems regarding any possible definition of the term. For the purposes of this analysis, *Young Vienna* will serve merely to refer to the group of poets and writers who met at the Café Griensteidl in Vienna until it was closed down before the end of the century. This definition was proffered by the European-born, American-Israeli scholar Sol Liptzin, who spent most of his academic life teaching in New York.[3] It was elaborated upon by Harry Zohn, himself a native of Vienna, whose family was forced to leave the city at the time of the Anschluß in 1938 and who later became a professor of German and Austrian literature at Brandeis University in the U. S. In an article by Zohn concerning Theodor Herzl and the *Young Vienna* circle, published in 1997, he included the following diverse range of literary figures within *Young Vienna*: Theodor Herzl, Hermann Bahr, Hugo von Hofmannsthal, Arthur Schnitzler, Richard Beer-Hofmann, Felix Salten, Leopold von Andrian, Peter Altenberg, Felix Dörmann, Raoul Auernheimer, Siegfried Trebitsch and Stefan Zweig.[4] As a matter of fact, in the body of the article, he also seemed to add Otto Weininger, Karl Kraus, and Arthur Trebitsch.

The wide variety of figures named here, which represents a diverse range of literary and cultural expression, emphasizes the problematical omnibus nature of the term *Young Vienna*, as it is usually employed in the critical literature pertaining to the topic. Actually, a number of different concepts which tend to emphasize certain aspects of the term usually replace *Young Vienna* in discus-

---

[3] Sol Liptzin: Richard Beer-Hofmann. In: id., Germany's Stepchildren. Philadelphia: Jewish Publication Society of America, p. 239–254; id.,: Arthur Schnitzler. Riverside: Ariadne Press 1995 (Studies in Austrian Literature, Culture, and Thought); id., Remembering Arthur Schnitzler. In: Modern Austrian Literature 25 (1992), no. 1, p. 1–6. Cf. Mark H. Gelber: Sol Liptzin at Ninety. Interview in Jerusalem. In: ibid., p. 7–14.

[4] Harry Zohn: Herzl draws International Attention to Zionism, and the *Young Vienna* Circle flourishes. In: Yale Companion to Jewish Writing and Thought in German Culture 1096–1996. Ed. by Sander L. Gilman and Jack Zipes. New Haven, London: Yale University Press 1997, p. 232–239. Cf. id., Fin-de-Siècle Vienna. The Jewish Contribution. The Jewish Response to German Culture. From the Enlightenment to the Second World War. Ed. by Jehuda Reinharz and Walter Schatzberg. Hanover, London: University Press of New England 1985, p. 137–149, here p. 143.

sions of the literary production, aesthetic orientation, cultural mode, style or styles associated with this stream. These may include: Viennese Modernism, Impressionism, Symbolism, Jugendstil, Neo-Romanticism, Decadence, Art Nouveau, and others. According to Michel Reffet, the concept *Young Vienna* is practically not in use within the intellectual and academic vocabulary today.[5] In fact, the other terms mentioned above are much more common. In the following remarks, the aesthetic dimensions as well as the general decadence and narcissism of *Young Vienna* take precedence. Some of these aspects have been emphasized and analyzed to a degree by Peter C. Pfeiffer, in his study on the »Wortkunst« of Hofmannsthal,[6] and by Stefan Scherer in his commentary on the paradoxical nature of Beer-Hofmann's poetry.[7] Sol Liptzin also examined the sense of loneliness, isolation, and uneasiness projected in the modernist literature of Vienna, as well as its fascination with the magical attraction of death.[8]

The second stream within Viennese poetry of the same period, which figures in our discussion, is *Young Jewish* poetry. It is less complicated in nature, although, in contrast to *Young Vienna*, it is hardly, if at all remembered in Austrian or in Jewish literary history or cultural memory.[9] *Young Jewish* poetry appeared as a complement to the modern Zionist movement from its very inception in the last decade of the 19th century. The centers of its expression were Vienna and Berlin. As a poetical movement it was an integral part of German cultural Zionism. Essentially, it was brought into existence by Nathan Birnbaum, Martin Buber, Berthold Feiwel, Heinrich Loewe, and others, partially parallel to the political activity of Zionism. The Café Louvre in Wipplinger Straße (in Vienna's first district) served at first as the *de facto* headquarters of this poetical movement. The poets who participated in the circle included: Max Barber, Adolf Donath, Sigmund Werner, Ignatz Kohn, Marek Scherlag, Max Eisler, Max Fleischer, Egon Lederer, Theodor Zlocisti, Anton Lindner, Stefan Zweig, and others. The fact that Stefan Zweig's name appears among the names listed for both poetical groups is the point of departure for the following observations.

---

[5] Michel Reffet: Der Impressionismus als dominante Stilrichtung der deutschsprachigen Literatur der Jahrhundertwende. In: Grenzüberschreitungen um 1900. Österreichische Literatur im Übergang. Hg. von Thomas Eicher. Oberhausen: Athena 2002 (Übergänge – Grenzfälle. Österreichische Literatur in Kontexten; 3), p. 81-94.

[6] Peter C. Pfeifer: Hugo von Hofmannsthal worries about his Jewish mixed Ancestry. In: Yale Companion to Jewish Writing and Thought (note 4), p. 212–218.

[7] Stefan Scherer: Richard Beer-Hofmann und die Wiener Moderne. Tübingen: Niemeyer 1993 (Conditio Judaica. Studien und Quellen zur deutsch-jüdischen Literatur- und Kulturgeschichte; 6), p. 78-83.

[8] Liptzin, Arthur Schnitzler (note 3).

[9] Mark H. Gelber: Die jungjüdische Bewegung. An Unexplored Chapter in German-Jewish Literary and Cultural History. In: Yearbook of the Leo Baeck Institute 31 (1986), p. 105–119. Cf. id., Melancholy Pride. Nation, Race, and Gender in the German Literature of Cultural Zionism. Tübingen: Niemeyer 2000 (Conditio Judaica. Studien und Quellen zur deutsch-jüdischen Literatur- und Kulturgeschichte; 23).

All these *Young Jewish* poets published in the Zionist newspapers, journals, and literary-poetical anthologies, which served to provide an external framework for the development of a particular *Young Jewish* expression and, in fact, a poetical canon. Often, the themes which appear in their poetry ran parallel to items on the agenda of political Zionism. Poetry thematizing Jewish suffering shed light on aspects of contemporary anti-Semitism; poetry which celebrated Jewish holidays or the Jewish calendar and its annual ritualized events purportedly served to express and, at the same time, to intensify the modern Jewish national spirit. Poetry which focused on aspects of the land of Israel and its characteristics perhaps sought to raise hopes for a speedy return to the homeland; poetry concerning modern Jewish identity and its roots sometimes forged a link to the ancient biblical and *aggadic* sources of the Jewish tradition. Perhaps the most important value trumpeted in these works, in so far as it was identified by contemporary critical observers from the same *Young Jewish* circle, was *Volkstümlichkeit*, that is, the inner closeness to the soul of the people. In the language of the day, it was apparently possible to measure the *Volkstümlichkeit* of particular texts according to the impact of a poem or of any literary work on the *Volksseele*, the folk-soul.

These terms and criteria are derived from the popular *völkisch* ideology of the 19th century, which found a secure home within cultural Zionism in general. As it turned out, virtually every artistic work of a creative Jewish individual could be included within this framework, owing to the fundamental racialist orientation which permeated the *Young Jewish* stream. It was Nathan Birnbaum who had mediated this racialist dimension into *Young Jewish* aesthetics and cultural politics.[10] I will return to this aspect later, after a few words about Richard Beer-Hofmann.

Richard Beer-Hofmann may be viewed as the central pillar of the edifice that was *Young Vienna*. Already in 1900, Alfred Gold described Beer-Hofmann as the dominant figure in this group, and Schnitzler confessed in a diary entry in 1905 that Beer-Hofmann was its most important member.[11] It is interesting in the present context to note that Beer-Hofmann's most famous poem »Schlaflied für Mirjam« was first published not in a Jewish context at all, but in the

---

[10] Robert S. Wistrich: The Clash of Ideologies in Jewish Vienna (1880–1918). The Strange Case of Nathan Birnbaum. In: Yearbook of the Leo Baeck Institute 33 (1988), p. 201–230. – The racialist orientation should be distinguished from a racist orientation or racist attitudes which were common in late nineteenth century Europe. The *Young Jewish* and German Cultural Zionist tendency was to present a view of racial difference and uniqueness within the framework of the equality of races and the common dignity of all humans to develop their own potentialities within racial groupings. Racialist formulations which tended toward racism and claims of racial superiority of one race over the other were avoided as a rule within Cultural Zionism and in *Young Jewish* literature and poetry. See Gelber, Melancholy Pride (note 9), p. 125f.

[11] Cited in Scherer, Richard Beer-Hofmann und die Wiener Moderne (note 7), p. 1, passim.

German literary magazine *Pan*. It was republished repeatedly in literary frame-works associated with the *Young Jewish* movement. The fact of disparate pub-lication contexts points to the variety of possible readings of this poem, which can, but need not be particularistic Jewish readings by any means. In any case, Beer-Hofmann appeared to distance himself to some degree from the activities of the younger Jewish-national poets. At the same time, there was a good measure of mutual sympathy between Herzl and Beer-Hofmann. The latter's willingness to allow his work to be published in *Young Jewish* contexts attests to his support for or even his identification with the cultural goals of the move-ment and possibly to his agreement with its political goals as well.

Allow me to cite but one example of republication in this case. Beer-Hofmann republished his *Schlaflied für Mirjam* in the *Young Jewish* poetry anthology, *Junge Harfen. Sammlung jungjuedischer Dichtung* (Youthful Harps. A Collection of Young Jewish Poetry).[12] This collection was edited at the turn of the century by Berthold Feiwel, a young Zionist student activist, poet, and translator, one of the dominant figures of the *Young Jewish* movement; the vol-ume aimed at uniting poetry written by Jewish poets in their native German with poetry translated into German, although originally composed in Hebrew or in Yiddish. Next to German language poems by Martin Buber, Adolf Donath and Theodor Zlocisti, one may find German translations of Hebrew or Yiddish poems by Bialik, Frug, Morris Rosenfeld, Reisen, and others. The inclusive editorial policy evidenced by this anthology is part of a literary strategy which aimed at presenting a sense of a unified, modern, Jewish national expression throughout Europe, and possibly the world, despite a wide variety of distinct literary traditions represented in the volume.

It is important to note that the publication of Beer-Hofmann's poem in this particular context renders it more conducive to Jewish national readings, ow-ing to the Jewish nature of the entire collection and to the sense that its implied reader is Jewish. An extensive review of the volume, entitled »Aus jung-jüdischer Lyrik«, was penned by Marek Scherlag, himself a *Young Jewish* poet from Vienna. It appeared in *Die Welt* in February 1904.[13] Scherlag read and interpreted the individual poetic contributions to the volume creatively, as if they were participating in an imaginary discussion among themselves. It will be helpful in this context to follow part of this discussion more closely. For example, he devoted a few lines to the sad poem of Chaim Nachman Bialik, »Im Felde« (»In the Field«), in which the *persona* ruefully sends his poetic greetings from the distant lands of the *Diaspora* to the valiant pioneering farm-ers in the land of Israel. As a response, Scherlag posed a rhetorical question: »Is

---

[12] Junge Harfen. Eine Sammlung jungjüdischer Dichtung. Hg. von Berthold Feiwel. Berlin: Jüdischer Verlag 1903. – In *Young Jewish* publications, »Umlaute« were usually spelled ae, oe, ue.

[13] Marek Scherlag: Aus jungjüdischer Lyrik. In: Die Welt, vol. 8, no. 8 (February 19, 1904), p. 13–16.

it even possible that a child in the *Cheder* from Eastern Europe could be transformed into a Zionist pioneer, a proud tiller of the homeland's soil?« The gap
between these two images probably appeared to many to be too great to attempt forging a bridge between them and connecting the two disparate realities
underpinning them.

Scherlag found a hypothetical answer to this question in the anthology's next
poem, »O Vaeter Ahnen« (Oh Fathers, Ancestors), written by Sigmund Werner, a well-known student activist and *Young Jewish* poet from Vienna. Scherlag quoted a few lines from this poem in the body of his article:

> ... O Vaeter, Ahnen! Koennt ihr Antwort sagen?
> Wart eins ihr mit der Erde, mit dem Licht?...
> ... Hob euch der Geist hinauf in Ewigkeiten?
>
> (... Oh fathers, ancestors! Can you provide an answer?
> Were you one with the earth, with the light?
> ... Did the spirit lift you upwards into eternities?)[14]

According to Scherlag's reading, it is possible to find an answer to the rhetorical
question posed above by considering the Jewish ancestors, the ancient fathers of
the people. In the distant past, the Jewish people had been unified, living in the
homeland. According to this reading, these inner spiritual forces which charac-
terized the father-ancestors are still potent, even if dormant. Werner's poem
insinuates that they will always be present in the generations of Jewish children
and grandchildren, up to the present generation.

Directly following this encouraging explanation in his article, Scherlag
quotes the last strophe from Beer-Hofmann's »Schlaflied«, in order to corrobo-
rate his reading of Werner's poem in the framework of the imaginary discussion with Bialik, which he has orchestrated. This strophe reads:

> Schläfst du, Mirjam? – Mirjam, mein Kind,
> Ufer nur sind wir, und tief in uns rinnt
> Blut von Gewesnen – zu Kommenden rollts,
> Blut unsrer Väter, voll Unruh und Stolz.
> In uns sind Alle. Wer fühlt sich allein?
> Du bist ihr Leben – ihr Leben ist dein – –
> Mirjam, mein Leben, mein Kind – schlaf ein!
>
> (Miriam – my child, are you asleep?
> We are but shores, and blood in us deep
> Flows from those past to those yet to be,
> Blood of our Fathers, restless and proud.
> All are within us, who feels alone?
> You are their life – their life is your own.
> Miriam, my life, my child, go to sleep.)[15]

---

[14] Ibid, p. 14, my translation.

In his article, Scherlag translates this stanza into prose rather freely, as follows:

> Richard Beer-Hofmann singt in seinem stimmungsvollen tiefen Schlaflied an Mir-
> jam – Jawohl! Der Ahnen Leben kann unser werden. Das Leben der Arbeit auf altem
> Heimatboden von neuer Schoenheit übergossen! ... Doch bis dahin ... bis dahin wol-
> len wir die Sehnsucht wecken, die Sehnsucht im schlummernden Volke![16]

> (Richard Beer-Hofmann sings in his highly charged and deep lullaby to Miriam –
> yes, indeed! The life of the ancestors can become our own. The life of labor in our
> ancient homeland is overflowing with new beauty! But, until then, until then we
> want to awaken the longing, the longing in our slumbering nation!)

Although Beer-Hofmann does not even refer implicitly to the ancient homeland in his poem – he does not attempt to link the concept of generational
continuity specifically to the Zionist enterprise –, Scherlag's reading supplies
the Zionist context and suggests that the poem performs these exact functions.
This reading is, in fact, quite typical of *Young Jewish* interpretation. Given
pernicious anti-Semitism and the harsh reality confronting the Jewish people in
Europe, there could be no realistic expectation of a speedy solution or of a
return to the homeland Zion in the foreseeable future. Thus, Scherlag's inter-
pretive strategy is to view the primary aim of the poem in terms of awakening
strong feelings of longing for the homeland among the inert folk.

In the specific case of Beer-Hofmann, this interpretation is rather paradoxical, since the poem is a lullaby, that is, a song whose essential purpose it is to
quiet the infant and to induce sleepiness. At the very least, the purpose of the
lullaby is to pacify the concerned parent, who well understands the ineluctability
of death or the many problematical obstacles on the path of life, which await
the infant. The lullaby underscores the general condition of human blindness to
reality and the fact that each and every one of us must find his or her way more
or less alone. Certainly, it is also paradoxical that the infant, to whom the lullaby
is addressed, is not capable of understanding the meaning of the words, the very
same words which attempt to stimulate encouragement of the idea of generational continuity.

Almost a century after Beer-Hofmann's famous lullaby was composed,
Harry Zohn offered a cogent reading of it without the necessity of linking it in
any way to Zionism. According to Zohn, the first three stanzas express the
melancholy atmosphere typical of *fin-de-siècle* Vienna, owing to the widespread feeling at the turn of the century that modern life was fragmented and its
meaning elusive or illusionary. Also, humans could neither easily express what
they considered to be the most important experiences, nor the innermost and
truest feelings in life. They appeared to be at a loss in terms of realizing direct
or honest communication, even with those closest to them. For Zohn, the poem

---

[15] This translation is by Naemah Beer-Hofmann; it is quoted in Zohn, *Fin-de-Siècle
Vienna* (note 4), p. 142f.

[16] Scherlag, Aus jungjüdischer Lyrik (note 13), p. 14.

implied the general sense that each generation would have to repeat the same suffering over and over again. Each generation was destined to fail, as each earlier one seemed to have failed.

Only in the last strophe of Beer-Hofmann's poem, which had figured in such an important way in Scherlag's reading as well, does Zohn perceive a completely new dimension, which moves the sense of the poem in a different direction:

> Schläfst du, Mirjam? – Mirjam, mein Kind,
> Ufer nur sind wir, und tief in uns rinnt
> Blut von Gewesenen – zu Kommenden rollts,
> Blut unsrer Väter, voll Unruh und Stolz.
> In uns sind Alle. Wer fühlt sich allein?
> Du bist ihr Leben – ihr Leben ist dein – –
> Mirjam, mein Leben, mein Kind – schlaf ein!

Zohn reads these lines as follows:

> We may derive solace and support from our ancestral community, that there is a definite continuity of existence with enduring values *l'dor vador* (from generation to generation), and that the voices of our ancestors can guide us to a more meaningful, purposeful existence.[17]

Thus, for Harry Zohn, this last strophe provides a key to Beer-Hofmann as a Jew in a larger national sense, but not to Beer-Hofmann as a Zionist nor as someone whose poem is particularly sympathetic to Zionism. For Zohn, this last strophe signalizes the turn to a Jewish agenda in Beer-Hofmann's scheme of things. The use of the blood metaphor is central to this message and thoroughly consistent with the *Young Jewish* orientation to, and manifestation of, racialist tendencies.

At a conference on Austrian identity which took place a few years ago in Jerusalem, Jakob Hessing expressed his view that Beer-Hofmann's »Schlaflied für Mirjam« was a failure because it did not realize its promise in light of the general despair of the secularist age in which it was written.[18] Hessing viewed the poem as a dialogue concerning secularism, and he argued with Beer-Hofmann's use of the blood metaphor (»Blut von Gewesenen«). He rejected peremptorily the attempt to go backwards in history, as it were. He identified in the poem what appeared to him to be a wrongheaded tendency to return to the ancient covenant and to an outdated Jewish religious worldview.

However, in terms of reception history, and taking into account the readings of this poem by Marek Scherlag at the beginning of the twentieth century and

---

[17] Zohn, Herzl draws International Attention to Zionism (note 4), p. 233f.

[18] Jakob Hessing: Edges of Eternity. Richard Beer-Hofmann and Sigmund Freud. In: Österreich-Konzeptionen und jüdisches Selbstverständnis. Identitäts-Transfigurationen im 19. und 20. Jahrhundert. Hg. von Hanni Mittelmann und Armin A. Wallas. Tübingen: Niemeyer 2001 (Conditio Judaica. Studien und Quellen zur deutsch-jüdischen Literatur- und Kulturgeschichte; 35), p. 77–84.

by Harry Zohn, some fifty years after the *Shoa*, it is clear that a reading which focuses on the possible religious-secular debate of the poem is not a necessary or even an obvious reading. Both Scherlag and Zohn, almost a century apart from each other, tended towards readings which were Jewish-national or Zionist in nature, and both avoided a religious interpretation of the text. Before and after the *Shoa*, these Jewish readings declined to protest the blood metaphor in this poetical context. Consequentially, the specific reading offered by Jakob Hessing appears to be just one more specific reception case, based most probably on his perception of Israeli reality at the end of the 20th century.

Stefan Zweig also used the blood metaphor in the period of his flirtation with the *Young Jewish* movement, both in poetry and in prose. For example, in his introduction to a collection of E. M. Lilien's works (published in 1903), Zweig emphasized the racial values which to him explained the artistic accomplishment of Lilien.[19] For Zweig, Lilien was an embodiment and symbol of the East-European Jewish type, who was able to unify in his artwork modern artistic techniques with Jewish racial content. Lilien's uniqueness originated, in Zweig's opinion, from his »Rassenwerten«, his racial values.[20] Zweig enthusiastically praised Lilien's illustrations for the volume *Lieder des Ghetto*, which presented poems written by the proletarian Yiddish poet Morris Rosenfeld and were translated into German by Berthold Feiwel. Zweig cited the »Blutverwandtschaft« (the affinity of blood) of Lilien and Rosenfeld, which, according to Zweig, lent the work a deep unity as well as enduring aesthetic and cultural value.[21]

Criticism about Stefan Zweig barely mentions either his early tendency to utilize the language of aesthetic or cultural racialism in this context or Zweig's closeness to the *Young Jewish* poetical circles in Vienna and Berlin altogether. The dominant tendency in Zweig criticism for more than fifty years has been rather to categorize him from the beginning of his literary career as an epigone of *Young Vienna*. Gabriella Rovagnati, in her recent Zweig-study, devoted a full chapter to Zweig's aesthetic heritage in *Young Vienna*.[22] Rovagnati attempts to analyze his early poetry, for example the poems published in his first poetry collection, *Silberne Saiten* (Silver Strings), in terms of their intertextual associations to Hofmannsthal's poetry. She is quite successful in demonstrating clearly and in detail Zweig's poetical affinity to Hofmannsthal and to *Young Vienna* in general. Rovagnati explains Zweig's »Ich-bezogenes Programm« (the I-related program), as expressed in these poems, as a motif typical of *Young Vienna* tendencies.[23] The self-revelation of the poet's inner identity,

---

[19] Stefan Zweig: Einleitung. In: E. M. Lilien. Sein Werk. Berlin, Leipzig: Schuster & Loeffler 1903, p. 20.

[20] Ibid., p. 12.

[21] Ibid., p. 23.

[22] Gabriella Rovagnati: Auf den Spuren des Jungen Wien. *Silberne Saiten*. In: id., »Umwege auf dem Wege zu mir selbst«. Zu Leben und Werk Stefan Zweigs. Bonn: Bouvier 1998 (Abhandlungen zur Kunst-, Musik- und Literaturwissenschaft; 400), p. 14–27.

[23] Ibid., p. 19.

expressed in these poems, is, according to Rovagnati, a beloved *topos* of *Young Vienna*. The word »Sehnsucht« (yearning) – also the title of one of the poems in this collection – appears repeatedly throughout Zweig's early poetry in different forms, as a noun or in *composita*, for example »Jugendsehnsucht« (youthful longing). This feature may be categorized as one of the neo-Romantic qualities of *Young Vienna*. Zweig often chose to set his early poetry against the background of dusk or the evening hours in general, possibly to suggest distance from active day-to-day life and in order to project the quality of loneliness. These elements are reminiscent of Hofmannsthal. In addition, Rovagnati interprets various features of decadence in these early poems; one of the most important is the inevitability and ever-presence of death.

There is one minor formal aspect pertaining to this first poetry collection authored by Zweig no observer has commented on so far; nevertheless, this aspect seems to be quite relevant to the present discussion regarding points of contact between *Young Vienna* and *Young Jewish* poetry. It concerns the dedication of the volume's third part, the last section of *Silberne Saiten*, to Adolph Donath. It reads as follows: »Meinem lieben Adoph Donath in treuer Freundschaft« (to my dear Adolph Donath in true friendship). As a matter of fact, Donath, although mostly forgotten from the annals of Austrian and Jewish literary history, is a key figure linking Zweig to the *Young Jewish* poets. In an article on Donath, which appeared in the *Jüdisches Lexikon* in 1928, he was referred to as the harbinger of the *Young Jewish* literary movement altogether.[24] Donath, born in Moravia in 1876 and therefore only a few years older than Zweig, arrived in Vienna towards the end of the century in order to study philosophy and law. At the same time he found his way to Zionism and to the *Young Jewish* poetical circle. What is truly astonishing in this context is that his first *Judenlieder* were ostensibly composed in 1895, when Donath was all of nineteen years of age, that is, even before Herzl began to think seriously of Jewish nationalism, Zionism, or of a Zionist career. It was also a few years before *Young Jewish* expression as a movement came into existence. Several of Donath's *Judenlieder* comprised a section of his first volume of poetry, *Tage und Nächte*, published in 1898.[25]

When the *Young Jewish* movement was coalescing at the end of the century, Donath's *Judenlieder* were ubiquitous and regularly cited as examples of the finest models of this particular kind of poetic expression. Evidently, Donath's *Judenlieder* were the first poems to be printed in *Die Welt*, well before the paper became a major venue for Jewish literary and artistic expression. Many

---

[24] Adolph Donath. In: Jüdisches Lexikon. Berlin: Jüdischer Verlag 1928, p. 180. Cf. Gelber, Melancholy Pride (note 9), p. 33–44, passim; Doris Bensimon: Adolph Donath (1876–1937). Parcours d'un intellectuel juif germanophone. Vienne, Berlin, Prague, Paris, Montreal: L'Harmattan 2000.

[25] Adoph Donath: Tage und Nächte. Berlin, Leipzig: Schuster und Loeffler 1898. In 1920, a separate collection of Donath's *Judenlieder* was published (Wien: R. Löwit 1920).

appeared over the years in *Die Welt,* and they were reprinted in the famous anthologies of the *Young Jewish* movement: the sensational *Jüdischer Almanach* (1902), edited by Martin Buber, Berthold Feiwel, and E. M. Lilien, and in Berthold Feiwel's *Junge Harfen.* The distinguished literary critic Samuel Lublinski compared Donath in a long review article, published in *Die Welt* in 1899, to Yehuda Halevi and Heinrich Heine.[26] This praise was certainly indicative of Donath's rising stature in the *Young Jewish* literary circles. Donath published his second collection of poetry, *Mensch und Liebe*, in 1901. He wrote articles for cultural Zionist publications, as well as for other Central European magazines, on the new Jewish art and in particular on the modern element in it. For a short time he served as an editor of *Die Welt,* and he contributed regularly to the *Neue Freie Presse* during Herzl's editorship of the newspaper's feuilleton section. It is reasonable to conjecture that the young Zweig must have been substantially encouraged by the example of his friend Donath, who suceeded in becoming – at least for a while – a relatively important literary figure in both the Jewish national literary context as well as in the general Central European cultural framework, both in Vienna and in Berlin. He was a model for simultaneous literary success in disparate literary and cultural frameworks.

It is important to emphasize that Zweig was by no means an imitator of Donath's Jewish poetry. From a formal point of view, Donath's *Judenlieder* are mostly simple poems, highly musical in their own right, and several were set to music by *Young Jewish* composers.[27] A typical example in this regard is »Judenlied VIII«, »Ich bin ein Jude stark und frei« (I am a Jew, strong and free):

Ich bin ein Jude! Stark und frei
Ertoent des Volkes Jubelschrei
Und droehnt durch alle Welten:
Wir wollen, wenn der Haß auch stuermt
Und Fluch auf Flüche weiterthuermt
Mit Liebe nur vergelten.

Denn um zu raechen, sind wir blind
Weil Menschen wir und Juden sind
Und stolz auf Geist und Seele
Das sind die Waffen unsrer Macht!
Und rast der Tod in Tag und Nacht,
Uns bleiben: Geist und Seele.[28]

---

[26] Samuel Lublinski: Judenlieder. In: Die Welt, vol. 3, no. 19 (May 12, 1899), p. 13–15.

[27] For example, a *Young Jewish* composer, James Rothstein, set Donath's poem »War ein kleines stilles Haus« to music. The score appeared in the German cultural Zionist magazine *Ost und West* in 1903. See James Rothstein: War ein stilles kleines Haus. In: Ost und West, vol. 3, no. 9 (1903), p. 639–642. For more on Rothstein, see Leo Heller: Ein junger jüdischer Tondichter. In: ibid., p. 643–644. Other poems by Donath were set to music by the composers Bela Nemes and Carl Grosz.

[28] Adolph Donath: Judenlied VIII. In: Die Welt, vol. 5, no. 14 (April 3, 1901), p. 5.

(I am a Jew! Strong and free
rings the jubilant cheer of the people
and resounds through all the worlds;
We wish, even if hatred storms
And curse on top of curse accrues,
To repay in kind only with love

Because we are blind to revenge
For we are humans and Jews
and proud in spirit and in soul
Those are the weapons of our might
And even if death rages by day and night,
Spirit and Soul remain ours.)

In the tradition of the Central European *Lied* and characteristic of *Young Jewish* verse, this poem expresses Jewish pride and solidarity in an exuberant and highly rhythmical manner. It emphasizes the power of the Jewish people to stand strong in a world of hatred and death, which typify modern anti-Semitism. It also presents the dual vision of the modern Jew and the conscious striving for unity of the two human parts: »Mensch« and »Jude«.

There is no real similarity between this poem or other early *Young Jewish* poems by Donath, on the one hand, and Zweig's *Young Jewish* poems, on the other. Yet, there are certain correspondences between these poems of Zweig's (and his other early poetic works) and Donath's own *Young Viennese* poetic production. Examples would be Donath's »Weiße Rosen«, »Im Arm des Abends«, or the poems in the section entitled »Lieder einer verlorenen Dämmerung« in his *Tage und Nächte*; they all reflect the qualities of *Young Vienna* made famous by Hofmannsthal. Zweig's *Young Jewish* poems have received very little critical attention – poems such as »Das Gericht« and »Spinoza«, which he first published in the Zionist *Die Welt* at the turn of the century,[29] during the time of Martin Buber's editorship of the paper and at the apex of the latter's own *Young Jewish* phase. Zweig's »Das Gericht« was reprinted by Feiwel in *Junge Harfen* and thus appeared next to poetry by Donath and other *Young Jewish* poets such as Sigmund Werner, Anton Lindner, Theodor Zlocisti, Martin Buber and Feiwel himself.

On the one hand, these early poems by Zweig were suitable for publication in the *Young Jewish* framework due to a certain degree of the poems' Jewish embeddedness, such as a quotation from the *Tenach* (in »Das Gericht«) or because of a reference to Spinoza; on the other hand, the very Jewish racialness of the poet himself was sufficient; it was the *sine qua non* of inclusion. Zweig's early *Young Jewish* poems are lacking the *Young Jewish* qualities which were so patently obvious and striking in Donath's *Young Jewish* poetic production. Zweig's willingness to publish some of his work in *Young Jewish* contexts is

---

[29] »Das Gericht« was published in *Die Welt* on October 11, 1901 (no. 41, p. 13); »Spinoza« appeared in *Die Welt* on December 6, 1901 (no. 49, p. 13).

neutral to the aesthetic nature of this poetry as well as of the bulk of his early poetical production. In this sense, these very same poems which appear in the *Young Jewish* context are aesthetically much closer to those he published in his first poetry collection, *Silberne Saiten*, than they are to the other *Young Jewish* poems in the anthology. Zweig's *Young Jewish* poetry mostly evokes the aura of *Young Vienna*. As already noted, the *Young Jewish* editors were extraordinarily flexible in terms of their principles regarding editorial inclusion, and Zweig's case is another example of that tendency.

In 1904, Donath edited an anthology of Austrian poetry in honor of the well-known German poet, Detlev von Liliencron; in this anthology, the boundaries between *Young Viennese* and *Young Jewish* expression disappear completely.[30] Included were poems by Schnitzler, Bahr, Altenberg, and Auernheimer, who are usually assigned to and fit the category of *Young Vienna*. But in the same collection one may also find poems by Max Fleischer, Alfred Gold, and Marek Scherlag, poets associated at the time with the *Young Jewish* movement. This anthology projects a sense that simultaneous participation in both Viennese streams was not only possible, but also very natural, if not inevitable, and in any case praiseworthy.

As an inclusionary aesthetic answer, this anthology and others like it, whether they were utilized for ideological purposes or not, theoretically encouraged the possibility of individual poets belonging to and feeling at home in ostensibly very different literary streams. In a theoretical sense, individual poets might have been offered the chance to express different aspects of the self or very different attitudes towards the past or the modern world without having to choose between diametrically opposed literary contexts or disparate ways of doing so.

This possibility seems to have been characteristic of the aesthetics of turn-of-the-century Vienna. As a tendency, it is more common than literary historians and those who wave the banner of strict categorizations and literary and cultural definitions would admit to. In a way, this type of inclusionary cultural politics explains how four *Young Viennese* literary artists could participate in an evening reading within the framework of Zionism – the event mentioned at the beginning of my study. It also explains how Beer-Hofmann and Stefan Zweig were naturally able at the time to cross boundaries and to participate easily in both literary streams, which may appear more exclusionary to a degree today, about a century after their flowering. If my observations and analysis are correct, then it may be said that the very category of *Young Vienna* is problematical in its own right as a category because of its inner inclusiveness, its manifold tendencies toward inclusion. Thus, it has by its very nature generated the search for more delimiting terms, which might explain and discriminate between the particular literary and cultural expressions, which have been associated with it. However, the effort to delimit the term has likewise proven to be

---

[30] Österreichische Dichter. Zum 60. Geburtstage Detlev von Liliencrons. Hg. von Adolph Donath. Wien: Konegen 1904.

exceedingly problematical, because of the marked tendency of Viennese group-ings of this nature to cross aesthetic, literary, political, and cultural boundaries.

In conclusion, though, I would like to suggest that even more problematical than the issue of *Young Vienna* is the virtually total disappearance of *Young Jewish* poetry from literary and cultural memory. It behooves us, I submit, to understand the cultural factors which have led to this situation and perhaps, as well, to attempt to rehabilitate some remembrance of this poetry and the move-ment which spawned it. If this task cannot be accomplished within Austrian cultural memory, it may be possible to do so within the context of Jewish literary and cultural history. Accomplishing this goal, or at least making a modest con-tribution towards its realization, is one of the motivations for this study.

Jacob Golomb

Stefan Zweig's Tragedy as a Nietzschean *Grenzjude*

Stefan Zweig (1881, Vienna – 1942, Petropolis/Brazil) was one of the most popular, yet tragic Austrian-Jewish writers. His demise demonstrates the bankruptcy of the Nietzschean »free spirit«, namely, a Jew's illusionary attempt to live in the twentieth century as an independent »Prinz Vogelfrei«, as »der gute Europäer«, as »le superbe ›sans-patrie‹«. Zweig used all these terms in his descriptions of Nietzsche,[1] whose notion of »the good European« deeply influenced Zweig. For both, Europe was a spiritual homeland beyond national borders or religious denominations. When Zweig lost this Europe, or, more precisely, the ideal of such a Europe, he put an end to his life.

Already in his early gymnasium days, Zweig, enamoured with this philosopher, »read Nietzsche« under his desk while his teacher delivered his »timeworn« lectures.[2] He describes how, in Vienna coffee houses, he and his friends incessantly discussed »Nietzsche, who then was still scorned«.[3] Already in 1904, in his doctoral dissertation on *Die Philosophie des Hippolyte Taine* he cited Nietzsche's ideal of authentic existence which harmonizes »Art with

---

1   See Zweig's descriptions of Nietzsche in: Master Builders. A Typology of Spirit. Trans. by Eden and Cedar Paul. New York: The Viking Press 1939, p. 498: »Nietzsche's mind was enthralled by the idea of ›the good European‹, of the man who is fundamentally a nomad, a supra-national type of individual.« Zweig was so attracted to this ideal and to the man who in his eyes was its highest epitome, since by such »a direct route to Cosmopolis« (ibid., p. 499), Zweig hoped to overcome his existential marginality. Where there are no borders any more, all margins fade away and become utterly irrelevant. For the same reasons, Zweig was also attracted to the figure of Erasmus. In *Erasmus of Rotterdam* (Trans. Eden and Cedar Paul. New York: The Viking Press 1934), he stresses the fact that Erasmus was »the first conscious European« (p. 4, 8). See also Zweig's letter from May 4th, 1925 to Romain Rolland, where he writes that Nietzsche »was the first European, our ancestor ... le superbe ›sans-patrie‹.« Cited by Donald A. Prater: European of Yesterday. A Biography of Stefan Zweig. Oxford: Clarendon Press, 1972, p. 149. Apparently the notion »the first European« was incorrect if we take into the account Zweig's descriptions of Erasmus. Indisputable, however, is the fact that Zweig strongly identified with both the »first« (Erasmus) and the last (Nietzsche) European for the same existential reasons.

2   Stefan Zweig: The World of Yesterday. An Autobiography, New York: The Viking Press 1943, p. 39.

3   Ibid., p. 40, and see also p. 44, 165, 351.

Life«.[4] From the onset of his prolific career, Zweig adulated those rare men of letters who personified the quality of inner harmony with their artistic creations[5] (creating their lives and living their creations) – such was the Nietzschean prescription for an authentic life.[6]

Zweig's life-long fascination with Nietzsche is manifest.[7] He wrote several

---

[4] Zweig's unpublished Ph.D. dissertation, submitted to the University of Vienna on April 7th, 1904, (a copy of which can be found in Deutsches Literaturarchiv in Marbach a. N.), states: »Ihn [Taine] erfüllte, wie seinen Freund und Jünger Nietzsche, der Traum jener Griechentage, da Kunst und Leben in Harmonie war« (p. 107). Surely, Zweig was aware of the fact that, as Hamburger put it, at that time »Nietzsche remained virtually unread – except by a few friends or disciples and one or two distinguished foreigners like Taine, Brandes and Strindberg – before his collapse.« Michael Hamburger: A Proliferation of Prophets. Essays on German Writers from Nietzsche to Brecht. New York: St. Martin's Press, 1984, p. 25.

[5] Thus, for example, Zweig stressed above everything else in his first role model, the Belgian poet Emile Verhaeren (whom he discovered and translated into German) the fact that he was a pure example of the »unity of being and creating«. Friederike Zweig: Stefan Zweig. New York: Crowell 1946 (A Gateway Book), p. 16. His first wife subsequently quotes from an early poem of Zweig that deals with this writer's search for an authentic self: »Only far distance wins thee back to thy true self.« (Ibid., p. 22)

[6] On the Nietzschean aesthetic model of authentic life see Jacob Golomb: Nietzsche on Authenticity. In: Philosophy Today 34 (1990), p. 243–258, and id., In Search of Authenticity from Kierkegaard to Camus. London, New York: Routledge 1995 (Problems of Modern European Thought), chap. 4.

[7] Curiously enough, the subject has not as yet been fully explored. Of course there area few exceptions: Adrian Del Caro: Stefan Zweig's *Ungeduld des Herzens*. A Nietzschean Interpretation. In: Modern Austrian Literature 14 (1981), p. 195–204; some insightful remarks by Hermann Bahr in: Der Kampf mit dem Dämon. In: Neue Freie Presse, May 21st, 1925, and a rather short comparison in: Stefan Zweig –Triumph und Tragik. Aufsätze, Tagebuchnotizen, Briefe. Hg. von Ulrich Weinzierl. Frankfurt a. M.: Fischer Taschenbuch Verlag 1992 (Fischer-Taschenbücher; 10961: Informationen und Materialien zur Literatur), p. 28–33. See also an essay by Leon Botstein: Stefan Zweig and the Illusion of the Jewish European. In: Stefan Zweig. The World of Yesterday's Humanist Today. Proceedings of the Stefan Zweig Symposium. Ed. by Marion Sonnenfeld. Albany: State University of New York Press 1983, p. 82–110. Especially interesting in this context is the biography of Zweig's first wife, Friederike Zweig, (see note 5). In one page dedicated to Nietzsche, or more precisely to Zweig's essay on him in his *Master Builders*, Friederike does not offer any critical view on Nietzsche, and apparently did not have a first-hand knowledge of him, besides what Zweig had told her (see Prater, European of Yesterday [note 1], p. 58). But her remark concerning her ex-husband's relationship with Nietzsche and its effect on his life is highly illuminating. Thus she states that »It was Stefan Zweig's tragic fate to admire this [Nietzsche's] solution and attempt it for himself. But when his wish was involuntarily fulfilled, it was frustrated by inherent obstacles. He did not succeed in being Prince Outlaw« (ibid., p. 118). If by this term, ›Prince Outlaw‹, she meant the Nietzschean ideal of the ›free spirit‹ beyond ›good and evil‹, then my present article may be regarded as a detailed elaboration on this observation. Noteworthy in this context is the fact that Zweig described his *alter-ego*, Erasmus, as such »an outlaw« (Zweig, Erasmus [note 1], p. 20).

essays on Nietzsche[8] and extolled him frequently in his diaries[9] and letters.[10] Indeed, almost from the beginning of Zweig's extensive letter writing, Nietzsche's formidable presence looms large in the intellectual and existential preoccupation of this barely twenty-year-old writer.[11] Many of Zweig's friends, especially those

---

[8] See Zweigs »Friedrich Nietzsche« in: id., Der Kampf mit dem Dämon. Hölderlin, Kleist, Nietzsche. Leipzig: Insel-Verlag 1925 (Die Baumeister der Welt; 2), p. 231–322, translated as *Master Builders* (note 1), p. 441–530; id., Nietzsche und der Freund [Franz Overbeck]. In: Neue Freie Presse, December 21, 1916, p.1–5, reprinted in: Insel-Almanach auf das Jahr 1919. Leipzig, p. 111–123 and in: id., Menschen und Schicksale. Aufsätze und Vorträge aus den Jahren 1902–1942. Hg. von Knut Beck. Frankfurt a. M.: Fischer Taschenbuch Verlag 1981 (Fischer-Taschenbücher; 2285), p. 114–123. See also his 1932 lecture »Der europäische Gedanke in seiner historischen Entwicklung«, in: id., Die Monotonisierung der Welt. Aufsätze und Vorträge. Ausgewählt und mit einem Nachwort von Volker Michels. Frankfurt a. M.: Suhrkamp 1976 (Bibliothek Suhrkamp; 493), p. 47–71, and his 1909 article, inspired by Nietzsche: Das neue Pathos. In: Das literarische Echo 11 (1909), S. 1701–1707.

[9] For example, in an entry of April 2, 1913, when reporting on his meeting with Romain Rolland, Zweig does not fail to mention that Rolland »showed me [...] Nietzsche's letters to Malvida von Meysenbug [German writer, 1816–1903] who gave them to him as a present« (Stefan Zweig: Tagebücher. Hg. und mit Nachbemerkungen versehen von Knut Beck. Frankfurt a. M.: Fischer 1984 [Gesammelte Werke in Einzelbänden], p. 61; all translations from Zweig's diaries and letters are mine, if not otherwise stated). On 23rd of October 1918, Zweig writes bleakly: »Spannungen ohne Ende. Keine Arbeit. Nur lesen, darunter Nietzsche, ein Auf-Zeitungen-Hetzen und Unruhe.« (Ibid., p. 332)

[10] See Stefan Zweig: Briefwechsel mit Hermann Bahr, Sigmund Freud, Rainer Maria Rilke und Arthur Schnitzler. Hg. von Jeffrey B. Berlin. Frankfurt a. M.: Fischer 1987, and id., Briefe an Freunde. Hg. von Richard Friedenthal. Frankfurt a. M.: Fischer 1978, where, in a letter dated January 12, 1924, he prays: »Gott schenke uns einen [...] neuen Nietzsche, einen einzigen großen Jasager zum Leben!« (p. 149) See also his letter from June 2, 1923 (p. 142) and from June 10, 1925 (p. 158). Zweig's correspondence with Nietzsche's sister, Elisabeth Förster-Nietzsche, is still unpublished and can be found in the Goethe-Schiller-Archiv in Weimar. I had a chance to read some of it. Especially significant is Zweig's letter from June 9, 1925 (written in the Hotel Elephant in Weimar) to Nietzsche's sister in which he (and Romain Rolland) ask her for the permission to visit (»for a few minutes«) Nietzsche's house in Weimar, »wo der größte Geist unserer Tage gestorben ist und seine Werke bewahret sind«. Noteworthy in this context is Romain Rolland / Stefan Zweig: Briefwechsel 1910–1940. Hg. von Waltraud Schwarze et al. Berlin: Ruetten & Loening 1987, which contains at least 18 significant pre-1933 references to Nietzsche. The general tone can be summarized with Zweig's phrase »der große Nietzsche«, in a letter dated March 28, 1930, ibid., vol. 2, p. 366.

[11] See e. g. Zweig's letter of February 12 ,1902, where he reports reading »ein Nietzsche-Essay« and refers in the same sentence to his »kleine Geschichte ›Die Wanderung‹«, which Herzl accepted for publication in the *Neue Freie Presse* a year earlier (Stefan Zweig: Briefe 1897–1914. Hg. von Knut Beck et al. Frankfurt a. M.: Fischer 1995, p. 36). See also in the same volume some other references to Nietzsche, such as, for example, his letter of April 10, 1912, discussing a planned anthology of what he

who, like him, belonged to the *Jung Wien* movement, were staunch Nietzsche-
ans, and subsequently his many references to Nietzsche were met with deep
understanding and sympathy. Knowing Zweig's affinity for Nietzsche, they
also often refer to the philosopher and his teachings.[12] Even with Hitler's rise
to power, Zweig's admiration for Nietzsche did not diminish. We learn this
from a pre-war essay,[13] from letters[14] and from his only novel *Ungeduld des
Herzens* (1939) where Zweig, speaking of Nietzsche's aversion to pity, con-
tinues to refer to Nietzsche as to »the most brilliant man of the last century«.[15]
Clearly, Zweig was not deterred by Nazi misappropriation of Nietzsche for
their criminal agenda.[16]

---

called »unser neuer Rhythmus«, mentioning, besides Nietzsche, also Verhaeren, Rim-
baud, Whitman, etc. (ibid., p. 254). And see (in the same volume) a letter of that year
(April 21, 1912), where he laments the fact that in his essay for the *Neue Freie Presse*,
on »Lyrische Porträte« there was a printing error (ibid., p. 255). During the taxing
years of the first World War, Nietzsche's name, his notions and main compositions
are constantly present in Zweig's mind, as his letters to different friends (notable to
Romain Rolland) testify; this despite the fact that Zweig, together with Rolland, was
at that time very active in various pacifist movements, organisations and protests.
See the index to Stefan Zweig: Briefe 1914–1919. Hg. von Knut Beck, Jeffrey B.
Berlin und Natascha Weschenbach-Feggeler. Frankfurt a. M.: Fischer 1998.

[12] A good case in point is Raoul Auernheimer, Herzl's relative, who writes to Zweig
on July 3, 1919: »Wenn ich wieder einmal auf die Welt komme, will ich klüger sein
u. mir das Gesindel – in Sinne Nietzsches – beizeiten vom Leibe halten.« [»When I
will once again come to this world, I will be smarter and keep away from the rabble
– in Nietzsche's sense.«] Quoted in: The Correspondence of Stefan Zweig with
Raoul Auernheimer and with Richard Beer-Hofmann. Ed. with an Introduction and
Notes by Donald G. Daviau and Jorun B. Johns. Columbia: Camden House 1983,
p. 68 (Studies in German Literature, Linguistics and Culture; 20). Raoul Auernheimer (1876–1948) was usually mentioned (together with Herzl) as belonging to
the literary group of *Young Vienna*, which included Arthur Schnitzler, Hermann Bahr,
Stefan Zweig and others, most of them devoted admirers of Nietzsche.

[13] Mater Dolorosa. Die Briefe von Nietzsches Mutter an Overbeck. In: Neues Wiener Tage-
blatt, December 21, 1937, p. 2–3, reprinted in id., Menschen und Schicksale (note 8).

[14] See, e. g. Rolland / Zweig, Briefwechsel (note 10), vol. 2, especially letters from Zweig's
exile in London, for example, the one dated June 10, 1934, where he refers to Nietzsche and quotes his existential formula of »*amor fati*« (p. 569), and that of October 4,
1934, where he mentions that »der geniale Nietzsche« had predicted the beginning of
the end of Christendom (p. 582). Also see his letter of January 13, 1936 (p. 618).

[15] Beware of Pity. Trans. by Phyllis and Trevor Blewitt. New York: The Viking Press
1939, p. 205 and 208.

[16] See most of the essays in: Nietzsche the Godfather of Fascism? On the Uses and
Abuses of a Philosophy. Ed. by Jacob Golomb and Robert S. Wistrich. Princeton:
Princeton University Press 2002. His awareness as to the existing deep discrepancies
between his reading of Nietzsche and that of Elizabeth Förster-Nietzsche, one of the
very active agents in easing the mobilisation of Nietzsche's works for the Nazi
propaganda, is portrayed in a letter to Zweig's wife of June 10, 1925, in which he
reports on his and Romain Rolland's visit to the Nietzsche-Archive in Weimar,

I have written elsewhere about the correlation between the ›marginal‹ Jews' (*Grenzjuden*) admiration of Nietzsche and the extent of their acculturation as Germans.[17] Stefan Zweig was a unique example of this tragic existential dichotomy, which this essay seeks to examine through the Nietzschean lens. To what extent was Zweig's unwavering resolution to live till his end the life of a kind of Nietzschean »free spirit« responsible for his suicide?

To deal with this question requires a preliminary look at Jewish ›marginality‹ and Zweig's unique place within its parameters. Then, I will present Zweig's convoluted relationship with Judaism and Zionism. Finally, I will propose that his suicide could have been thwarted, had Zweig heeded Nietzsche's warning that a Jewish »free spirit«, or for that matter, any »free spirit« was unfeasible.

I.   The *Grenzjuden* (›Marginal Jews‹)

Besides Zweig, prominent Austrian men of letters such as Arthur Schnitzler, Karl Kraus, Sigmund Freud and Theodor Herzl[18] initially belonged to these *Grenzjuden* or »Stepchildren«.[19] They were *Grenzjuden* in that they were alienated from their religion and tradition, but had not been fully absorbed into secular Austrian society. For some, hatred of their ancestral roots led to a mental breakdown, even to suicide, as in the notable case of Otto Weininger. These dually-marginal individuals tragically lacked an identity: they rejected any

---

»where the very old Mrs. Foerster-Nietzsche showed her childlike joy on account of Rolland's visit, and toward me was sweet, and grateful for my book, against all my expectations« (Zweig, Briefe an Freunde [note 10], p. 158). Undoubtedly, the book Zweig alludes to in his letter was his essay on Nietzsche in *Der Kampf mit dem Dämon*, published that very year. It is noteworthy that nine years earlier Zweig had written to Romain Rolland the following enthusiastic letter: »Wenn Sie ein herrliches Buch lesen wollen [...] so lesen Sie Nietzsche und Wagner zur Zeit ihrer Freundschaft von Elisabeth Förster Nietzsche. Es enthält zum erstenmal den Briefwechsel Nietzsches und Wagners. Ich habe in diesem Buch jetzt Tage gelebt.« Letter of December 5, 1916, in: id., Briefe 1914–1919 (note 11), p. 125. Was it possible that Zweig's joy at reading this correspondence stemmed from his realisation that one of the reasons for Nietzsche's break with Wagner was the latter's vicious anti-Semitism?

[17]   Jacob Golomb: Nietzsche and the Marginal Jews. In: Nietzsche and Jewish Culture. Ed. by J. Golomb. London, New York: Routledge 1997, p. 158–192, and in the more concise German edition: Nietzsche und die Grenzjuden. In: Nietzsche und die jüdische Kultur. Hg. von J. Golomb. Wien: WUV-Universitäts-Verlag 1998, p. 165–184.

[18]   On Herzl's existential marginality and its relations to his admiration of Nietzsche see Jacob Golomb: »Ko amar Herzl ...« Nietzsches Präsenz in der Welt des zionistischen Vordenkers. In: Menora. Jahrbuch für deutsch-jüdische Geschichte 11 (2000), p. 193–207.

[19]   Cf. Frederic V. Grunfeld: Prophets without Honour. A Background to Freud, Kafka, Einstein and their World. New York: Holt, Reinehart and Winston 1979, and Solomon Liptzin: Germany's Stepchildren. Philadelphia: The Jewish Publication Society of America 1944, p. 195.

connection with the Jewish community, but were nonetheless unwelcome among their non-Jewish contemporaries. Despite their desperate attempts to be accepted as Austrians, most recognized the painful truth as expressed by Arthur Schnitzler: »Es war nicht möglich, insbesondere für einen Juden, der in der Öffentlichkeit stand, davon abzusehen, daß er Jude war.« [20]

Austrian Jews in general attempted a variety of responses to this unbearable limbo, ranging from full assimilation, including conversion to Christianity (as young Herzl wished to do and Gustav Mahler had done), to identification with some definite ideological or political cause such as socialism (Victor Adler), or Zionism (Herzl, Max Nordau[21]). My focus is limited to one exceptional individual, Zweig, whose identity, in spite of heavy existential pressure, remained in a state of suspension. He opted neither for socialism nor for Zionism and did not embrace Christianity, as did Karl Kraus or Arnold Schönberg. Instead, Zweig struggled to survive as a true cosmopolitan and a »free-spirit«.

Such »spirits« prefer to forego any identity rather than to adopt a »readymade« one. Nietzsche posited that, given that God was dead (or, rather, man's belief in Him), all the ideological and political ›isms‹ which had emerged in the Nineteenth century were but residual shadows. Franz Werfel, another prominent *Grenzjude*, poignantly expressed this sentiment: »Socialism and Nationalism are political *Ersatz* religions«.[22]

Young Zweig was especially attracted to Nietzsche's inspiring call to become a »free spirit« and to strive for personal authenticity. Nietzsche urged his readers to create their own selves and lives just as an artist creates a work of art. And Zweig certainly was creative, following his determination to shun all dogmatic ideologies. Thus he obeyed Nietzsche's call to live creatively even »on the verge of an abyss«.

Never ceasing to internalize Nietzsche's existential thought, Zweig's particular marginality and his staunch adherence to Nietzsche lasted to the very end. In this respect he differed from other *Grenzjuden* who, as they resolved their identity problems, severed their relations to Nietzsche and freed themselves from his spell. The fact remains that at the beginning of their tortured searches for personal authenticity, many young Jewish intellectuals in the *deutsche Sprachraum* and the German *Kulturbereich* were excited by the possibilities Nietzsche held out to them. A case in point is Martin Buber who, after adopting a kind of cultural Zionism and an existential Judaism, strove to distance himself from the Nietzschean influence of his younger days.[23] Only

---

[20] »For a Jew, especially in public life, it was impossible to disregard the fact that he was a Jew.« My translation from Arthur Schnitzler's *Jugend in Wien*, hg. von Therese Nickl und Heinrich Schnitzler. Wien: Molden 1968, p. 328.

[21] See the first two chapters in Jacob Golomb: Nietzsche and Zion. Ithaca: Cornell University Press [forthcoming 2004].

[22] Franz Werfel: Between Heaven and Earth. Trans. by Maxim Newmark. London, New York: Hutchinson 1947, Foreword [1944], p. viii.

[23] For details see the chapter on Buber in Golomb, Nietzsche and Zion (note 21).

Zweig continued to write enthusiastically about Nietzsche, but then paid the ultimate price for his determination to live as a »free spirit«.

Nietzsche, the most influential thinker to adopt and promote this ideal, had reservations as to its existential viability. We have a record of Nietzsche's conversations with Joseph Paneth, an Austrian Jewish intellectual and a ›marginal Jew‹ (who was also a friend of Freud) during the winter of 1883/84. Nietzsche and Paneth discussed the possibility of the »regeneration« and revival of the Jewish people in Palestine.[24] Nietzsche did not relish the prospect of Jews estranging themselves from their Jewish history by becoming completely assimilated into the European nations, since such »free spirits (*freie Geister*) detached from everything are dangerous and destructive«.[25] Nietzsche added that one should not ignore the »impact of nationality« and, according to Paneth, was »disappointed that I did not wish to hear anything about the restoration of a Palestinian [Jewish] state«.[26]

Zweig's case proves that Nietzsche, the most influential proponent of the stance of the »*freie Geist*«, was quite right on this point. Like Joseph Paneth, he ignored Nietzsche's warnings. For a Jew to embrace this existential stance in contemporary Europe was quite futile. Zweig also failed to pay sufficient attention to Herzl's cautionary remark about the future *Übermensch*: »The ›European man‹, the new type which Nietzsche sees coming closer and closer to us, is still a very remote figure.«[27]

It is doubtful whether Nietzsche would have approved Zweig's cosmopolitan attitude. In his essay on history, discussing the historical antiquarian consciousness, Nietzsche admits that for weak individuals lacking a harmonious character and a solid background (as were the *Grenzjuden*), a strong tradition is needed to solidify their identity.[28] To be sure, for orthodox Jews he would prescribe a relaxing of their orthodoxy and »rigid antiquarian« consciousness. In contrast, the marginal Jews desperately needed a living tradition and way of life to adhere to and use as a springboard for their creative re-evaluations. Jews like Zweig, without any supporting tradition, could perish in times of calamity and, tragically, drag down their loved ones with them.[29]

---

[24] The letters of Paneth were first published in a biography of Nietzsche by his sister Elizabeth Förster-Nietzsche: Das Leben Friedrich Nietzsches. Leipzig: Naumann 1904, vol. II, p. 474–475, 479–493. Cf. also Richard Frank Krummel: Joseph Paneth über seine Begegnung mit Nietzsche in der Zarathustra-Zeit. In: Nietzsche Studien 17 (1988), p. 478–495.

[25] Förster-Nietzsche, Das Leben Friedrich Nietzsches (note 24), p. 486, my translation.

[26] Ibid.

[27] Frankreich im Jahre 1891. In: Neue Freie Presse, December 31, 1891, my translation.

[28] See Nietzsche's essay »On the uses and disadvantages of history for life« chapter 2, in id., Untimely Meditations. Trans. by R. J. Hollingdale. Cambridge: Cambridge University Press 1983.

[29] And indeed, Lotte Altmann, a granddaughter of a rabbi and Zweig's second wife, followed her husband into suicide.

Nobody can extract himself entirely from his own history, heritage and language, certainly not a Jewish free thinker (or *Freidenker*, as per Nietzsche in *Die fröhliche Wissenschaft*, aphorism 44). As much as Zweig wished to become a *Freidenker*, he could not succeed due to his character, sensibilities, warm Jewish heart, and mixed feelings concerning both the future of his people and his own Jewishness. He could not become a Jewish free-thinker because he was a genuine Jewish *Mensch,* namely truly human, *menschlich.* This last characteristic was the reason for Zweig's most crucial deviation from Nietzsche.

I refer here to Nietzsche's categorical rejection of any kind of *Mitleid*, i. e., pity, which he considered one of the cornerstones of Christian belief. According to Nietzsche's psychology of negative power patterns,[30] pity considerably impoverishes those who pity others, reducing them to the humble state of those whom they pity. Zweig, in his novel *Beware of Pity,* rejects this sweeping generalisation and distinguishes between positive pity, one that originates in a person's positive mental resources and enhances his power; and negative pity, which weakens a person, as it stems from his psychologically impotent character:

> There are two kinds of pity (*Mitleid*). One, the weak and sentimental kind, which is really no more than the heart's impatience (*schwachmütige*) to be rid as quickly as possible of the painful emotion aroused by the sight of another's unhappiness, that pity which is not compassion (*Mit-leiden*), but only an instinctive desire to fortify one's own soul against the sufferings of another; and the other, the only one that counts, the unsentimental but creative kind, which knows what it is about and is determined to hold out, in patience and forbearance, to the very limit of its strength (*Kraft*) even beyond.[31]

This passage, also featured in the German original as the motto for the novel, graphically highlights Zweig's consciously counter-Nietzschean theme. Nonetheless, Zweig's attempt to correct Nietzsche on this point by distinguishing *Mitleid* (positive pity) from *Mit-leiden* (negative pity) is devoid of any linguistic German basis. This is not the case with Zweig's implicit criticism of Nietzsche's naive or provocative plea for gentile Germans to marry Jews. By highlighting the tragic end of the crippled Jewish girl who became emotionally involved with a gentile,[32] Zweig expressed his reservations concerning this Nietzschean naivety.

Among the many differences between Zweig and the Nietzschean ideal of the »free spirit«, two are especially conspicuous. Nietzsche demands of the »free spirits«: »let us remain firm« and: let us freely express »our adventurous cour-

---

[30] Explication of which is provided in Jacob Golomb: Nietzsche's Enticing Psychology of Power. Ames: Iowa State University Press 1989.

[31] Zweig, Beware of Pity (note 15), p. 256.

[32] In the story »Fear« (*Angst*), in Stefan Zweig: Kaleidoscope. Trans. by Eden and Cedar Paul. New York: The Viking Press 1934, p. 155–202 appear, beside the negative notion of Nietzschean *Mitleid*, his other motifs of anxiety and guilt as mental forces that threaten to ruin the personalities involved.

age [...] our subtlest, most disguised, most spiritual will to power (*Macht*) and the overcoming of the world« (*Jenseits von Gut und Böse,* aphorism 227). This attitude stands in distinct opposition to Zweig's existential stance. Suffering from the syndrome of ›existential marginality‹, Zweig craved to become part of the world, specifically his beloved Europe. Thus, he did not wish to overcome his cultural milieu in order to attain an entirely cosmopolitan identity.

The second Zweigean trait in opposition to the Nietzschean »free spirit« was his conciliatory nature, so remote from the warlike attitudes characteristic of Nietzsche's writings. Zweig was eager to function as a mediator between cultures, languages and peoples. He accepted everything and rejected nothing, unless it would harm his most exalted ideal of a spiritually united Europe. He shunned the role of a revolutionary thinker, engaged in re-evaluating prevalent European modern values.

Zweig had always been non-confrontational and by nature pacifistic. News about violence and death depressed him, in contrast to Nietzsche's more belli-cose attitude and the character of the »free spirits« depicted in his writings. Nietzsche writes: »not contentedness but more power; not peace, but war.«[33] The »free spirit« was not supposed to be restful and content, but rather to be engaged in an endless process of »self-overcoming« (»Selbstüberwindung«). This necessitated a constant war within one's self and with the dominant intel-lectual and ideological tendencies of the times.

Given that Nietzsche was alluding here, as elsewhere, to spiritual wars be-tween ideas and states of mind (referring mainly to the self-struggle between the positive and negative manifestations of spiritual powers, thoughts, and pat-terns of behaviour), this still was a far cry from Zweig's conciliatory attitude. Zweig always stressed his mission in European cultural life as that of a peace-making mediator in the model of Erasmus.[34] Like his *alter-ego* Erasmus, Zweig abhorred war and conquest (even in their spiritual meanings), while searching for mutual understanding between opposite points of views and tolerant accep-tance of the adversary.

Nonetheless, Nietzsche believed that the creative and spiritual dimensions of genuine power made it more vulnerable in life's »battlefields« governed by the rules of crude force, where victory was conferred upon those who possess material strength. This explains why Nietzsche recommended to Paneth that he join his people in their arduous march to Zion. Despite his fervent admiration for Nietzsche, Zweig ignored this recommendation.

---

[33] The Antichrist, aphorism 2, and cf. his other statement: »You shall love peace as a means to new wars, and the short peace more than the long one.« (Thus Spoke Zarathustra, IV: Conversation with the Kings, aphorism 2. In: The Portable Nietzsche. Ed. and trans. by Walter Kaufmann. New York: The Viking Press 1954, p. 359), and »The secret for harvesting from existence the greatest fruitfulness and the greatest enjoyment is – to live dangerously!« (Gay Science, aphorism 283)

[34] See, e. g., Zweig, Erasmus (note 1), p. 6, 7, 17–18, 95 where Zweig stresses Eras-mus' »genius as mediator.«

II. Zweig's convoluted relationship with the Jewish people, Judaism and Zionism

Zweig's attitude toward Judaism was complex. He did not deny the fact that he belonged to the Jewish people and never entertained the thought of conversion to Christianity. There were periods in his life in which he actually proudly stressed his origins, and he was far from indifferent to Jewish history and to the reception of his works by Jews, especially those works that dealt with Jewish subjects.

His admission, in 1917, to Martin Buber (already a respected intellectual leader of German Jewry who had tried in vain to win Zweig over to the Zionist cause) is revealing:

> My attitude toward the Jewish question became quite precise during that time. What I had already latently perceived – this feeling was only confirmed during ten years of a migrating life: the absolute freedom to choose among the nations, to consider myself everywhere a guest, a participant and a mediator (*Mittler*) – this supra-national feeling of freedom from the madness of the fanatic world saved me in this time. I feel grateful toward Judaism, which procured this freedom from nationhood. I consider the concept of nationality, just as every restriction, as dangerous, and I see in the idea that Judaism should materialise itself [as a nation, namely Zionism] a re-nunciation of its highest mission.[35]

At this point Zweig refers to the »fragment« from his play *Jeremiah*, written in 1917, which he had sent to Buber as evidence that spiritual power (what Nietz-sche called in his anthropological philosophy *Macht*) is more resilient and lasting than »*Kraft*« (sheer physical brutal force). And indeed, Zweig's entire biography of Erasmus evolves around this Nietzschean distinction between spiritual *Macht* and political *Kraft*, a distinction personified in Erasmus on the one hand, who advocated the »disappearance of force«, and on the other by the intolerant and fanatical Martin Luther.[36]

Zweig felt that his attitude of the »free spirit«, accentuated in his letter to Buber, clashed with Zionism. Zweig regarded Zionism as a quest for national »*Kraft*« and a material expression of Jewish aspects inferior to the spiritual *Macht* inherent to the Judaism of the prophets and their followers. In his book on Erasmus, written one year after Hitler came to power, Zweig's anti-Zionist sentiments are clearly expressed in his warm embrace of Erasmus' »idea of supra-nationalism«. He states that »the concept of a fatherland for each nation

---

[35] A letter of May 25, 1917 in Zweig, Briefe an Freunde (note 10), p. 75. Regarding Zweig's Jewish identity, see also Sarah Fraiman: Das tragende Symbol. Ambivalenz jüdischer Identität in Stefan Zweigs Werk. In: German Life and Letters 55 (2002), no. 3, p. 248–265.

[36] Thus we should not be surprised that Zweig called *Jeremiah* his »most personal [work] of all«. His first wife refers to both books, *Jeremiah* and *Erasmus* as »based on the author's spiritual experiences« (Zweig, Stefan Zweig [note 5], p. 68, 178).

would have to be proved untenable because it forms too narrow an ideal«, and repeats Erasmus' famous declaration: »The entire world is one common father-land.« Zweig's demise proved that, in the first half of the Twentieth century, it was too early for the Jews to try and live the creative life of spiritual home-lessness. As creative as it might have been, it turned out to be fatal.

The cataclysm of the First World War moved Zweig to be more sympathetic to his people and to approach his Jewish origins, as suggested in another letter to Martin Buber. In this letter characterizing his play *Jeremiah* (which appeared on Easter 1917, and subsequently was produced by the Hebrew theatrical troupe *Ohel* in Palestine, in 1935) he states:

> Such is the tragedy and the glory of the Jewish people as the chosen people – not in the sense of prosperity but in that of eternal suffering, eternal falling and eternal ri-sing – and of the strength deriving from such a fate ... And the conclusion is ... the exodus from Jerusalem into Jerusalem, newly rebuilt for eternity.[37]

Though Zweig tried to repress his rising Jewish consciousness, certain senti-ments and deeply hidden sympathies occasionally revealed themselves in his conversations, such as a statement in an interview with David Ewen in 1931:

> Although I do not come from a rigorously Jewish family [...] I have been vitally in-terested in Jewish problems all my life, and vitally aware of the Jewish blood that is in me ever since I have been conscious of it [...]. There was another influence in my life that made me a Jew in heart and soul, as well as through birth [...] Theodor Herzl. He showed me the greatness of our race. From that friendship really stems my immense interest in Jewish matters.[38]

But not so in matters of Zionism. Apparently, Zweig's caution regarding Zionist issues and his reluctance to openly stand up against the rise of German Na-tional Socialism stemmed from his fear that he might lose his aloof standing as a »free spirit« through political involvement. Unfortunately, he did not realize that in critical times, less spiritual and more radical actions are required in order to defend one's freedom to think and to live as such a spirit.

Thus, he did not follow in the footsteps of his beloved Erasmus who »could not feel antagonistic to any theory or thesis unless it endeavoured to do vio-lence to others«,[39] even though no »theory« fit this description more than that of National Socialism. Nevertheless, Zweig found it difficult to enlist his pen and his authority against Nazism in public, though his book on Erasmus was written between 1933 and 1934. These were exactly the »times« in which, as Zweig wrote in *Erasmus*, men were needed »who are not afraid to state their beliefs frankly«.[40] But Zweig did not practice what he preached with regard to Erasmus and remained silent. His withdrawal from decisive action or resis-

---

[37] Letter of May 8, 1916, in Zweig, *Briefe an Freunde*, p. 64–65.
[38] Quoted by Prater, European of Yesterday (note 1), p. 190.
[39] Zweig, Erasmus (note 1), p. 113, 117.
[40] Ibid., p. 180.

tance, his fleeing from Europe and from life itself, instead of courageously and actively fighting for his Europe amounted, in my view, to the most disturbing symptom of his intellectual and existential bankruptcy.

Zweig's meek attitude found its literary expression in his essay *Mater Dolorosa: Die Briefe von Nietzsches Mutter an Overbeck* (1937), in his description of Nietzsche's brother-in-law, the proto-Nazi, Bernhard Förster. Due to blaring propaganda, Zweig knew that Förster was an extreme German nationalist who tried to establish a colony in Paraguay based on the principles of Aryan racial superiority. Yet Zweig merely deems him an »odd dreamer, a starry-eyed idealist«. Is this omission of any moral judgement an expression of Zweig's non-political standing in the same vein as Nietzsche's declaring himself to be »*unpolitisch*«?

Nietzsche distinguished sharply between the spiritual powers of individuals (or entire peoples) who generate and produce sublime cultures (*Macht)*, and the physical or political forces which find expression in an overpowering *Kraft* or *Gewalt*. Thus, he tried to distance himself, not from politics *per se* (a move which would indeed have made him into a non-political thinker), but from the nationalist German politics which had then cocked its ear to the ominous tunes of »Deutschland, Deutschland über Alles.« This militaristic slogan, Nietzsche observes, brought »the end of German philosophy«.[41] Thus, his acknowledgement of being the »last *anti-political* German«[42] is in itself a political statement against nationalism and racism. Nietzsche was an anti-political thinker for political reasons and a political thinker for philosophical reasons, among which was his attempt to foster the existential ideal of personal authenticity. Consequently, Nietzsche had adopted an anti-political attitude for reasons that had to do with the future of human culture, an issue he labelled »*große Politik*«. For Nietzsche, politics become »grand« when they sustain and assist the cultivation of human greatness and cultural grandeur. These »great politics« are politics of culture. And if we broadly define politics as an organized and orchestrated mobilisation of human resources for the sake of a group or a nation, Nietzsche was indeed deeply involved in politics that would embark on the cultural engineering of an entire society.[43]

Zweig, like Nietzsche, was toying with the idea of a culturally united Europe. He, too, was a consistently anti-political writer and thinker. Compare, however, Nietzsche's fierce fight against the Bismarckian politics of nationalistic

---

[41] Nietzsche, *Twilight of the Idols*, in the section entitled »What the Germans Lack«, chapter 1, The Portable Nietzsche (note 33)*,* p. 506.

[42] Nietzsche, *Ecce Homo*, in a section entitled »Why I am so clever«, chapter 3 (trans. by Walter Kaufmann. New York: Random House 1969, p. 225), and cf. Peter Bergmann: Nietzsche, »the last antipolitical German«. Bloomington: Indiana University Press, and the collection *Nietzsche the Godfather of Fascism* (note 16).

[43] Cf. Nietzsche, *Twilight of the Idols*, »What the Germans Lack«, chapter 4; see the editors' »Introduction« to *Nietzsche the Godfather of Fascism?* (note 16), p. 1–16.

domination, and his attacks on the anti-Semites of his day (including his sister's husband), with Zweig's mild, almost non-existent reactions to Hitler's rise to power. It is hard to escape the conclusion that Nietzsche, the gentile philosopher, was much more militant against the enemies of Zweig's people than Zweig himself. This is another proof of Zweig's failure to be a truly Nietzschean »free spirit«, who, like Nietzsche himself, should be active against the worst enemies of freedom. It seems as if Zweig wanted to attain this freedom without having to fight for it, without drawing his sword, even if only of the literary sort. In fact, the only time Zweig lashed out was when he turned against himself; a far cry from the spiritual freedom Zweig praised in his portraits of Nietzsche.

Der Kampf mit dem Dämon (1925) describes the »new Germany« (on whose margins Nietzsche led his lonesome vagabond existence) not so much filled with the din of Hitler's marching squads of fanatic supporters, but »with the rattle of trains, with telegraph wires, with the roar and thunders of machinery«.[44] His explicit intention in writing on Nietzsche, as he wrote to Romain Rolland on May 4th, 1925, was »to celebrate the truly free and independent man as the highest form of humanity. My whole essay is a hidden polemic against the attempt [...] to claim Nietzsche for Germany, for war, for ›the good cause of Germany‹, he who was the first European, our ancestor.«[45] Yet, his polemic was so »hidden« that it is quite difficult to notice it.

Moreover, as Zweig emphasises in this quite faithful portrait, Nietzsche attained intellectual and existential independence through constant struggle and painful »self-overcoming«. Nietzsche reached the status of a »free spirit« after a very painful break with Wagner. He resigned his professorship in the University of Basel, after alienating almost all his former friends and colleagues with his provocative and radical books. He did not achieve his independence by way of a rich father, as Zweig had. Unlike Nietzsche, Zweig never fought with all his might for intellectual freedom. His only polemical struggle was waged (and that was with the support of Romain Rolland and other influential writers and artists) for peace during the First World War.[46] Zweig was never alone in this fight. The only time he found himself abandoned was at the end. In the final moment of truth, he realized (after »measuring himself vis-à-vis Nietzsche's »yardstick«) how far he was from his mentor's ideal of a free spirit. Already in 1925, Zweig had a premonition of his failure, as the concluding sentence of this essay testifies. Referring to Nietzsche, he writes: »Only because there are some whom no yardstick can measure, do the rest of us realize our own possibilities of greatness«[47] – or the lack of them.

---

[44] Zweig, Der Kampf mit dem Dämon [1925] (note 8), p. 444.

[45] Quoted by Prater, European of Yesterday (note 1), p. 149.

[46] See Zweig's essay on Romain Rolland's pacifist activities in Geneva during the first world war: Das Herz Europas. In: Neue Freie Presse, December 23, 1917, p. 1–5.

[47] Zweig, Master Builders (note 1), p. 530.

Zweig was not indifferent to the fate of his people. The end of his ›Jewish‹ story from 1936, *Der begrabene Leuchter*, reveals some of his hidden Jewish sentiment:

> Nor can anyone tell whether it will remain thus for ever and for ever, hidden away and lost to its people, who still know no peace in their wanderings through the lands of the Gentiles; or whether, at length, someone will dig up the Menorah on that day when the Jews come once more into their own, and that then the Seven-Branched Lamp stand will diffuse its gentle light in the Temple of Peace.[48]

Zweig did not draw the appropriate existential conclusions from his partly buried Jewish consciousness and his awakening solidarity with his people on the verge of their greatest calamity. Though these feelings indicate his growing misgivings about the shakiness of the »free-spirit« stand vis-à-vis Jewish solidarity, he did not, like the German writer bearing the same family name, Arnold Zweig, emigrate to Palestine, where his life might have been saved. Indeed, it was his unswerving Nietzschean attitude of a »free spirit« that inevitably led him to his death.

III. Zweig's Suicide: The Bankruptcy of a Jewish ›Free Spirit‹

On February 22nd, 1942, Stefan Zweig and his wife committed suicide. Admittedly, others, such as Ernst Toller and Kurt Tucholsky, did the same. But they were great German *Grenzjuden* fed up with their inability to come to terms – as socialists – with their identities. Somehow, Zweig's fate did seem unique. No wonder that to many creative *Grenzjuden* (who shared Zweig's admiration for Nietzsche) Zweig's suicide became an enigma.[49]

---

[48] The Buried Candelabrum. Trans. by Eden and Cedar Paul. New York: The Viking Press 1937, p. 148–149. I am inclined to accept Tovia Preschel's speculation (in: Stefan Zweig and *Die Welt*: In: Herzl Year Book 4 [1961/62], p. 305–308), that the term »Temple of Peace«, which is quite unknown in Jewish tradition, is an echo of »Palace of Peace«, described by Herzl in his *Old-New Land*, which Zweig, according to his own admission, had read. I am also tempted to speculate that by the idiom »seven-branched lamp stand« there is a kind of a Freudian allusion to his own name – Zweig. It is noteworthy that in his *Erasmus*-biography Zweig speaks of »the Erasmic temple« which will be erected to promote »a new Europe and the day of universal peace« (Zweig, *Erasmus* [note 1], p. 129).

[49] One need only mention Franz Werfel's touching memorial speech »Stefan Zweig's Death«, where he aptly calls Zweig »the citizen of the world« (Stefan Zweig. A Tribute to His Life and Work. Ed. by Hanns Arens. London: Allen [n.. d], a post-war collection of essays, most of them written by Zweig's closest friends, trans. by Christobel Fowler from: Stefan Zweig. Sein Leben – sein Werk. Esslingen: Bechtle Verlag 1949, p. 138–146, and many other items in this invaluable collection). Many of the contributors did not only express their shock at the manner of his death, but also stressed his ›Europeanism‹. See for example the essays by Berthold Viertel, Ernst Feder, Otto Zarek and Walter Bauer. Bauer even mentions a view of Zweig, which reminds of Nietzsche's elitist attitude and his saying that »out of the chaos a star is born«. Thus Bauer

Perhaps Zweig's farewell letter, written a few hours before his suicide, procures a clue. This »Declaration« bears witness to Zweig's painful realization that his way of overcoming his Jewish marginality, namely his attempt to live and create as a genuine Nietzschean »free spirit«, had failed; at the same time, the Nazi cannons shattered his dream of the one, enlightened, cultural Europe:

> Before parting from life of my own free will and in my right mind I am impelled to fulfil a last obligation: to give heartfelt thanks to this wonderful land of Brazil which afforded me and my work such kind and hospitable repose. With every day I have learned to love this country more and more, and nowhere else would I have preferred to rebuild my life from the ground up, now that the world of my own language has been lost and my spiritual homeland, Europe, has destroyed itself.
>
> But after one's sixtieth year unusual powers are needed in order to make another wholly new beginning. Those that I posses have been exhausted by the long years of homeless wandering. So I hold it better to conclude in good time and with erect bearing a life for which intellectual labour was always the purest joy and personal freedom the highest good on this earth.
>
> I salute all my friends! May it be granted them yet to see the dawn after the long night! I, all too impatient, go on before.[50]

Several hours after writing these words, Stefan and Lotte took a massive dose of veronal and expired. In this farewell letter, there are several important motifs that may shed some light on this suicide.

It is very conspicuous that even in his last moments, at the pinnacle of disillusion with the ideal of the »free spirit«, Zweig still did not entertain the possibility of a Zionist solution. »Nowhere else« would he have rebuilt his life but »in this wonderful land (*Land*) of Brazil«. To Zweig, Brazil was essentially different from nationalistic Europe whose nations were »destroying« each other and, of course, the ideal of a united, humanistic and cultural Europe, which Zweig had toiled all his life to foster. Not surprisingly, in Zweig's eyes political Zionism resembled this anti-Nietzschean Europe. Zweig's tendency to substitute one myth with another is also amazing: the myth of the European republic of letters with the primordial, one might even say, naively Dionysian Brazil.[51] Moreover, even in this dark »night«, as German troops were occupying most of Europe, Zweig still refrained from blaming the Nazi regime. Of course, he identified with the allies and Britain, who had provided him with

---

reports that Zweig thought that »the life of the spirit is founded on the inarticulate masses, that they are the depth from which the light ultimately comes« (Walter Bauer: Stefan Zweig the European. In: ibid, p. 102–114, here p. 104).

[50] »Declaracao«, cited and translated by Prater, European of Yesterday (note 1), p. 339. The other reproduced versions (like that of Arens [last note], p. 4) are less faithful to the German original found in the Stefan Zweig Archives in the Jewish National and University Library in Jerusalem in the Department of Manuscripts and Archives.

[51] See Zweig's book on Brazil written during his previous visits there: Brazil. The Land of the Future. Trans. by Andrew St. James. London: Cassell 1942; Brasilien. Ein Land der Zukunft. Hg. von Knut Beck. Frankfurt a. M.: Fischer 1990 (Gesammelte Werke in Einzelbänden).

temporary shelter. But in this final document he wrote as a »good European« who blamed all European forces (_Kräfte_ in Nietzschean terms) for the destruction of his spiritual Europe (the cultural _Macht_ in Nietzschean terminology).

Furthermore, when Zweig proclaims that »the world of [his] own language has been lost and [his] spiritual homeland, Europe, has destroyed itself«, it is obvious that this loss includes Nietzsche's philosophy, written in a beautiful German. This philosophy praised the _Weltanschauung_ and the »free spirits'« mode of life, free of all kinds of national and religious barriers,[52] which Zweig had attempted to adopt. However, at the final moment of truth, the free life of spiritual wandering and wondering retrospectively acquired a negative connotation and became »the long years of homeless wandering«. Homelessness, including spiritual independence and a refusal to endorse any political ideology, ceased to be of the highest merit and became an unbearable burden for Zweig. The wording in his farewell letter attests to his realization of the bankruptcy of his and Nietzsche's ideals precisely during that »long night«, at least as far as he and most of the contemporary Jewish free thinkers were concerned.[53]

His last words are also highly revealing. He is »too impatient« for the coming of a new »dawn« (he uses the term »_Morgenröte_«, as Nietzsche entitled one of his major books). To be »impatient« is not equivalent with being resigned. Zweig still does not entirely discard that lofty ideal of the »free spirit«, but he concurs at this final and tragic stage of his life with Herzl's astute realization that the times of arrival of the _Übermensch_ still lay far ahead in the future. These _Übermenschen_ were to establish the »Republic of Geniuses« presented in Nietzsche's »Schopenhauer as Educator«, where kindred spirits such as Zarathustra, i. e., »free spirits par excellence«, would be able to live authentic and creative lives. Only in such a Europe could Zweig find repose. As this ideal had evolved into a far-fetched _Utopia_, Zweig had no choice but to leave this imperfect world.

Finally, when Zweig speaks of the impossibility at his age to make a »wholly new beginning«, he does not mean just a physical resettlement, which he had already done. He is not referring solely to geographical ramifications of a new life, but to a radical re-creation of his identity. He is thinking of a re-orientation,

---

[52] See, e. g., the following Nietzschean questions: »Why go on clinging to this clod of earth, this way of life, why pay heed to what neighbours says? It is so parochial to bind oneself to views which are no longer binding even a couple of hundred miles away. Orient and Occident are chalk-lines drawn before us to fool our timidity.« (Schopenhauer as Editor. In: Nietzsche, Untimely Meditations [note 28], p. 128)

[53] This was perceptively grasped also by Robert Dumont in his _Stefan Zweig et la France_, Paris: Didier 1967, who writes on p. 216: »Behind the author of great editions [...] there stands concealed a disappointed artist, a creator ill-content with his work, despairing of mastery in the higher genres and of showing himself worthy of the models he reveres.« (Quoted by Prater, European of Yesterday [note 1], p. 347) Surely Zweig was greatly disappointed by his inability to follow the Nietzschean »model« of the »free spirit«, and hence came his fatal act, which also testified to the bankruptcy of such a model in his life as well as in the lives of other cosmopolitan German-Austrian marginal and creative Jews.

the formation of a new self with a different focus of identity, such as, for example, Buber's version of humanistic Zionism. Zweig considered himself as too old to start such an existential process, and perhaps he was right. Many younger people had not succeeded in this Nietzschean ›transfiguration‹ of one's self through sheer mental resources and the will of the self alone.

Zweig's suicide was different from that of many German and Austrian acculturated Jews. They perished after realizing that their host countries and cultures had rejected them. Those *Grenzjuden* were kicked out by their neighbours; Zweig felt Europe had turned against him. Long detached from his Austrian birthplace, it was not his native Austria which had betrayed him, but the European humanism Nietzsche had tried to propagate and Zweig had worked so hard to disseminate. Zweig's naive belief in this ideal was his fatal mistake. With the downfall of the community of free European spirits, Zweig's spirit sunk as well. Thus (as his first wife observed) it was »Zweig's tragic fate« to admire Nietzsche's ideal of a genuine free spirit uncompromisingly throughout his life.[54]

What would Zweig's fate as a European »free-spirit« have been, had he not been of Jewish origin? Perhaps he would have emigrated from Nazi dominated Europe, which, in his last words, »was destroying itself«. He might have chosen the course of Thomas Mann, another famous writer in exile, and it is not surprising that Zweig highly respected Mann. Zweig does not refer to his Jewishness in his last message. The fact that he was somewhat disconnected and estranged from his own people greatly increased his acute sense of abandonment. To be uprooted can be catastrophic when return to one's roots is no longer possible. Such an existential void is extremely dangerous to someone such as Zweig who believed and wrote that even »in inhuman times like our own [...] we can never lose our innermost selves«.[55] Nietzsche termed such selves ›authentic‹, and in Zweig's case, as surely as in Nietzsche's, such selves embraced the genuine attitude of »free spirits«. Nonetheless, when this Nietzschean ideal was put to the most crucial and existential test – and such tests in extreme situations are a vital part of the modes of authentic lives[56] – Zweig's »innermost self« was irretrievably lost. It crumbled before the void, since ultimately there was nothing at this hour of desperate need in this ›self‹, save the empty ideal of a »free spirit«. The universalist ideal alone was not enough to sustain him. What he really needed was a firmly grounded identity. Without cultural, religious or even national content to an identity, there can be no positive freedom.[57] This is

---

[54] And cf. his friend's remark about his suicide: »he simply died of homesickness, not so much homesickness for his Austrian birthplace [...] but for Europe, his greater and truer home.« (Richard Friedenthal: Stefan Zweig and Humanism. In: Stefan Zweig. A Tribute to His Life and Work [note 49], p. 165)

[55] Quoted by Friedenthal in »Stefan Zweig and Humanism« (last note), p. 173.

[56] See Golomb, In Search of Authenticity (note 6), chapter 2.

[57] The term ›positive freedom‹ in Nietzschean epistemological context means adopting a certain intellectual perspective and being conscious of its anti-dogmatic status, namely its being only relatively and subjectively true.

especially true for a people who, during most of its history, was sustained solely by tradition and ethos. Jewish propensity for universal ideals, such as justice, was rooted in its religious-national history. Nietzsche understood this, as his remarks to Paneth (quoted above) confirm.

Conclusion

This article intended to show that Zweig's tragic mistake was his indefatigable determination to live all his life as a ›pure‹ Nietzschean. But could Zweig really belong to this elite of »free spirits«?

Zweig's farewell letter confesses his heavy dependence on his native language. Zweig was also deeply rooted in a historical and cultural context. Nobody can live in a linguistic vacuum: it is vital to talk, write or even philosophize in a specific language rich in connotations and associations. Can man completely overcome his most personal nostalgia and inclinations? Apparently Zweig could not exist outside the particular perception of his kind of Europe. Ironically, by acknowledging his inability to overcome this nostalgia, Zweig could not genuinely belong to the society of »free spirits«. He was utterly devastated, once he realized that this ideal turned out to be a sheer myth.

If one is unable to overcome one's most cherished memories and sentiments, how could one free oneself from one's personal and national history? It is no small task to cast aside 4.000 years of Jewish history as if it were an old garment, to be replaced by a new and modern one. Surely not Zweig, whose biographical writings deal with great figures of European as well as Jewish history. The longer one's people's history, the slimmer the chances to shed it away entirely. Zweig is the tragic proof of this trivial, but vital truth.

Zweig realized all these points too late. The historical events in Europe did not afford him enough time to re-enter that history and to complete the gradual process of self-transformation and reorientation. Stranded in Petropolis, betrayed by his beloved Europe, without anything to hold onto, stripped of nationality, religion, ideology and history, he could not find the »why« any more which Nietzsche mentioned in his famous aphorism: »if you find one ›why‹ to live for – you can withstand all the ›what‹.« Zweig could not bear his existential bankruptcy and thus put an end to a life which had become void of purpose and meaning. He could not follow Nietzsche's advise »to want nothingness« rather than to be content with »nothing to want«: »[…] lieber will noch der Mensch *das Nichts* wollen, als *nicht* wollen« (letzter Satz in Nietsche's »Zur Genealogie der Moral«). Or maybe this was his suicidal interpretation of the Nietzschean »nothingness«. We will never be able to know for sure.

But can we assume that the Jewish people and its fate were also such a nothingness for Zweig on the verge of his suicide? I very much doubt it. Even if Zweig's friend was right that Zweig felt »the Jewish tragedy was but a side-issue, a symptom of the general tragedy, of the utter decay of ›his

Europe‹‹«,[58] it was this ›marginal‹ issue that spilled over its ›margins‹ and became the last straw leading to Zweig's final decision.

The corroboration is found in his friend's, Otto Zarek's, telling story, included in a commemorative article. He recounts Zweig's reaction to the news of his mother's lonely death and funeral in Nazi Vienna:

> Only an old servant followed her coffin, for the gentile friends could not risk their freedom, if not their lives, by openly paying homage to an »old Jewess«, and her Jewish friends lived in Austria no longer, if they lived at all.[59]

He then describes Zweig's reaction:

> There were tears in Stefan Zweig's eyes when he, at long last said: [...] »to be carried away from that home of hers where she had spent some fifty years, to be buried like a stray dog – it is the Jewish Fate, – – our Fate!«[60]

Zarek then remarks that Zweig was »deeply aware of the terrible impact which his Jewishness imposed upon his ›Europeanism‹«. Furthermore, Zweig knew that he »could not escape his Jewishness [...] that was part and parcel of his very self«.[61] Particularity, or what Zweig used to call his »atavistic instincts«,[62] proved to be stronger than his lofty Nietzschean universal stance. Nonetheless, one cannot help but sympathize with Zweig's »Erasmian attitude« so masterfully expressed in his book on Erasmus. This most personal confession conveys Zweig's heartfelt credo that the word, and the word alone, is the weapon of the spirit.[63] When Zweig lost his word and his world, he lost his spirit as well.

We understand why Zweig was so fond of quoting Victor Hugo's famous praise of Voltaire: »And what was his weapon? But a pen!«

---

[58] Otto Zarek: Stefan Zweig – A Jewish Tragedy. In: Stefan Zweig. A Tribute to His Life and Work [note 49], p. 178–191, here p.189.

[59] Ibid., p. 186.

[60] Ibid.

[61] Ibid., p. 188–190.

[62] Ibid., p. 189.

[63] See the following statements from *Erasmus* (note 1): »He [Erasmus] was a pioneer [...] of that art of expressing [...] the needs of the time which at a later date was to be so splendidly perfected by Voltaire, Heine, and Nietzsche [...] Thanks to Erasmus, the man of letters [...] became something to reckon with, a power in Europe which the other powers must take into consideration.« (p. 54) – »Erasmus presented to us [...] the weapon he himself discovered: he is the man with the book.« – »The humanist hoped to conquer the world by means of the pen just as those others had conquered with the sword.« (p. 122) – »Then he took up his pen, his only weapon, once again.« (p. 201)

Jeffrey B. Berlin

Arthur Schnitzler's Unpublished Memoir
Urheberrecht und geistiges Eigentum

With Commentary about his Views on Copyright Laws[1]

Bei Hofr[ätin Anna] Eisenmenger, die aus Amerika zurück. »Sie sind der bekannteste und bestohlenste Autor in Amerika.« Allerlei Vorschläge.

Arthur Schnitzler, diary notation of December 4, 1924

Throughout his life, Arthur Schnitzler (1862–1931) complained about the unfair treatment accorded his literary writings, especially in the United States.[2] In particular, he criticized what he perceived to be serious flaws in American copyright law for intellectual property.[3] To be sure, in the 1920's and 1930's Schnitzler's literary work had appeared repeatedly in the United States and in other countries in unauthorized and flawed translations. His creative writings frequently were given an unjust and inequitable treatment.[4] According to Schnitzler, such a reception was in part related to the American legal system.

---

[1] In 1973 the late Professor Heinrich Schnitzler gave me his father's letters directed to American publishers, translators, critics, and agents, which has resulted in, among other studies, the present investigation. For his permission to publish these epistolary materials, particularly the documents entitled *Urheberrecht und geistiges Eigentum*, as well as his lifetime support of my other Schnitzler projects, I am truly grateful, as I am for the kindnesses extended to me by his wife. I also thank Dr. Therese Nickl (Wien) for her always gracious help in deciphering Schnitzler's handwriting. I acknowledge with gratitude Dr. Werner Volke, including his predecessors and the Deutsches Literaturarchiv (Marbach a. N.), and especially the Cambridge University Library Schnitzler archives (Great Britain), which houses this document in its collection. All of these archives always very cordially facilitated my use of Schnitzler's Nachlaß and other materials during research visits. I also wish to express my sincerest appreciation to the editor of this volume, Dr. Sarah Morris, for her most helpful suggestions with this manuscript.

[2] This study should be read in conjunction with my discussion on the making of the American edition of, and the legal trials incurred by Thomas Seltzer and Simon & Schuster Publishers, for *Casanovas Heimfahrt*. See Jeffrey B. Berlin: Arthur Schnitzler's views on intellectual property, illustrated by the trials and tribulations of *Casanova's Homecoming*. In: Zeitgenossenschaften / Contemporaneities. Hg. von Ian Foster und Florian Krobb. Bern et al.: Lang 1992 (Wechselwirkungen. Österreichische Literatur im internationalen Kontext; 4), p. 89–111.

[3] Cf. Berta Zuckerkandl-Szeps: Gespräch mit Schnitzler. In: Neues Wiener Journal, November 3, 1931 (not cited in the Richard Allen's 1965 Schnitzler bibliography).

[4] Whether due to purely malicious judgment or from critics unable to perceive the timelessness, universality, and artistic excellence (e. g. Schnitzler's variations in theme,

Schnitzler also claimed that the royalties secured from America were insignificant, but he estimated that this meager financial return was proportional to the faulty and unfair American copyright laws which neither protected his interests nor identified means of obtaining adequate compensation: »Die letzte Halbjahrsrechnung von Simon & Schuster über ca. 9 bei ihm erschienene Bücher, England größtenteils miteingerechnet, war wieder ziemlich lächerlich (ca. 300 $).«[5] As the years passed, Schnitzler more and more angrily reproached the shameful and indubitable criminal behavior of individuals who had deliberately stolen his intellectual property. In fact, copyright problems, translation issues, and obstacles imposed by certain individuals and various societal groups (who sometimes even considered his writing pornographic)[6] caused Schnitzler disappointment, aggravation and frustration.[7] He expended considerable energy in attempt after attempt to protect his creative writings from becoming misappropriated, but all too often his efforts remained unsuccessful. »Unglaublich, wie wenig der Respekt vor geistigem Eigentum entwickelt ist«, Schnitzler once said in conversation with his long-time friend Berta Zuckerkandl-Szeps, adding: »Weder das weitere Publikum besitzt ihn noch der engere Zirkel, dessen Gewerbe es ist, sich mit geistigen Produkten zu beschäftigen«.[8] Piecing together the various extant

---

form, style, diction, and originality of his modern classics), since his earliest publication Schnitzler had found himself described as an arch-pornographer or dramatist of sexual intrigue and exploited with cliches such as the Viennese Maupassant, poet of the sweet-girl (»das süße Mädel«), topographer of decadence, precursor of Freud, the pleasure-seeking Anatol-type, skeptical ironist, and amoralist. Such reproachful critical voices precipitated different problems with different works at different times. Even as Schnitzler's literary productivity increased significantly in both quality and range, often there was little or no effect on the part of some evaluators to revise the existing mindset. This sterotyping was not easily discarded.

5   Arthur Schnitzler: Briefe 1875–1912. Hg. von Therese Nickl und Heinrich Schnitzler. Frankfurt a. M.: Fischer 1981 and id., Briefe 1913–1931. Hg. von Michael Braunwarth und Heinrich Schnitzler. Frankfurt a. M.: Fischer 1984, p. 716.

6   Schnitzler relegated such an insinuation to be absurd and erroneous. Nevertheless, such derogatory accusations made *Casanovas Heimfahrt,* which epitomizes Schnitzler's master-works, the focus of sensational legal proceedings with far-reaching court contests. Cf. Schnitzler's interview with George Sylvester Viereck, where the author said: »Ich behandele alle Probleme. Ich kann die Liebe nicht übergehen, diese Hauptquelle aller menschlichen Handlungen. Aber ich bin kein erotischer Schriftsteller. Ich interessiere mich viel mehr für soziale Probleme und für die Probleme der Familie, als für Erotik.« In: Die Welt Arthur Schnitzlers. Schlagschatten. Berlin, Zürich: n. d. [1930]. Also in: Arthur Schnitzler. Materialien zur Ausstellung der Wiener Festwochen 1981. Hg. vom Arthur Schnitzler-Institut. Wien: Österreichische Länderbank 1981, p. 19–24, here p. 20.

7   Schnitzler did not want to be held accountable for statements espoused by someone with myopic interpretative skills, in particular by someone who from the outset harbors an element of bias, as Schnitzler made evident on several occasions to various individuals. See the letter of February 21, 1921 to Tilla Durieux, Briefe 1913–1931 (note 5), p. 236.

8   Zuckerkandl-Szeps, Gespräch mit Schnitzler (note 3).

documents on this topic, we find that Schnitzler's observations about intellectual property were neither random nor spur-of-the-moment thoughts.[9] His position developed from unfortunate personal encounters described by him – in August 1924 as »diese wahrhaft jammervollen Zustände, über die lächerliche Unverhältnismäßigkeit, die insbesondere in Amerika zwischen dem Gewicht meines Namens und dem materiellen Erträgnis dieses Namens und meiner Arbeit besteht«.[10] Given the circumstances, the following observation in the foreword to the 1981–1984 two-volume Schnitzler letter-edition is very much to the point:

> Die Klage über den mangelhaften Schutz des Urheberrechts kehrt leitmotivisch wieder. Schnitzler engagiert sich schon früh für eine internationale Verankerung des Autorenschutzes. Seine oftmals geradezu als advokatische Schriftsätze abgefaßten langen Briefe belegen seinen intensiven Wunsch nach gerechten Verhältnissen in dieser Frage.[11]

Though informative and explicit, this editorial declaration does not elucidate the situation. Similarly, no scholarly attention has yet been directed to this topic, which plagued Schnitzler from his first to his last publication.

Schnitzler never discussed at length his concern about intellectual property and copyright practices in any printed form. He never published any detailed commentary about intellectual property, despite having sometimes offered succinct observations on the topic, such as his remarks during his interview with George Sylvester Viereck (discussed later). It is understandable, then, that even with the plethora of scholarly studies on Schnitzler, none have analyzed his views on and concerns with this subject.

Schnitzler's public reticence on copyright practices does not preclude a lack of serious concern about them. Extant among the extensive documents in Schnitzler's Nachlaß is a folder with the general heading *Urheberrecht und geistiges Eigentum*. It consists of forty-one previously unknown and still unpublished pages, with corrections added by Schnitzler himself. His observations are formulated like aphoristic and memoir-like statements, which, in application, are confessional and universal. The material demonstrates Schnitzler's empathic inner rage about the use and misuse of intellectual property. The statements, all of which are insightful and well defined, divulge a distinct Schnitzlerian emotional intensity, which remains consistent and profound, reflective and original. Indeed, it is the thematic content of the *Urheberrecht und geistiges Eigentum* material that differentiates it from the content in the last two S. Fischer Verlag

---

[9] For other aspects of this matter and the *Zeitgeist* to which it applied, see, for example, the still informative: Debate on Censorship of Books. John S. Sumner versus Ernest Boyd. Introduction by Clifford Smith. Foreword by John Farrar. New York: The League for Public Discussion 1924. For another perspective, see: D. H. Lawrence: Pornography and So On. Amsterdam: Fredonia Books 2001.

[10] Schnitzler, Briefe 1913-1931, p. 364.

[11] Ibid., p. VII.

volumes of the posthumously published *Gesammelte Werke*, e. g., the *Aphoris-men und Betrachtungen* (1967, ed. by Robert O. Weiss) and *Entworfenes und Verworfenes* (1977, ed. by Reinhard Urbach). In the present study we offer the first publication of this newly discovered material. However, before presenting the previously unpublished *Urheberrecht und geistiges Eigentum* documenta-tion, it is valuable to elucidate various perspectives on the nature of Schnitzler's understanding of intellectual property. In doing so, we create a context from which we are able to better understand this material. Our investigation provides certain new perspectives about Schnitzler's life and work. We also augment our understanding of Schnitzler's literary reception in the United States.[12]

Schnitzler apparently deliberately withheld this material from publication since he felt that the *Zeitgeist* was not ripe for its appearance. Schnitzler suggests that these comments would have stirred up controversy. So too, Schnitzler's commentary about war and peace also remained unpublished during his life-time, being issued posthumously in 1939, edited by his son Heinrich, under the title *Über Krieg und Frieden*. Very probably, and again in consideration of the *Zeitgeist*, Schnitzler had avoided publication of these potentially controversial *Krieg und Frieden* materials as well. Schnitzler anticipated – correctly – that virtually no nation under the present circumstances would have been receptive to his viewpoint about peace.

It is not surprising that the topic of intellectual property and copyright law interested him and that, even more than seventy years after his death, such docu-ments are extant. As Ulrich Weinzierl properly relates: »Kein anderer Autor in diesem Jahrhundert hat so penibel über sich Protokoll geführt wie Schnitzler, Dokumente seiner privaten und künstlerischen Existenz gesammelt und archi-viert.«[13] Among Schnitzler's goals on this subject matter, the following, ex-pressed by him in a conversation with Berta Zuckerkandl-Szeps, is particularly significant:

> Ich hoffe, daß eine Zeit kommen muß, in der überhaupt ein eigener Rechtsapparat zum Schutze von Werken der Kunst und der Literatur nicht mehr notwendig ist. Weil das geistige Eigentum – gleich jedem anderen Eigentum – vom Staate geschützt sein wird.[14]

One of Schnitzler's earliest statements on copyright is found in a letter of June 5, 1920 to Andrea Proudfoot, secretary of the American *Committee for Vienna Relief* in Chicago. Here Schnitzler admitted that his literary writings were not

---

[12] Jeffrey B. Berlin: The Meaning of the ›Schnitzler Renaissance‹. In: id., An Anno-tated Arthur Schnitzler Bibliography 1965–1977. München: Fink 1978, p. 1–17; see also: Donald G. Daviau: The Reception of Arthur Schnitzler in the United States. In: The Fortunes of German Writers in America. Studies in Literary Reception. Ed. by Wolfgang Elfe et al. Columbia: University of South Carolina Press 1992, p. 145–165.

[13] Ulrich Weinzierl: Arthur Schnitzler. Lieben – Träumen – Sterben. Frankfurt a. M.: Fischer 1994, p. 11.

[14] Zuckerkandl-Szeps, Gespräch mit Schnitzler (note 3).

fully protected by American copyright law. Schnitzler had explained that these antiquated copyright laws, as he called them, had allowed publishers and translators to easily take advantage of writers who had little or no recourse for compensation. In the same letter, Schnitzler went on to observe that respect for intellectual property was in the process of gradually being acknowledged.[15] Such statements represent the most composure Schnitzler ever would exhibit regarding this particular topic. As time passed, he became more concerned and bitterly angry, not only due to the loss of revenues which were rightfully due to him, but also because of blatant injustices to his works, which often appeared in unauthorized and/or faulty translations. In fact, between the time of the June 1920 letter to Andrea Proudfoot and a November missive of the same year Schnitzler's views shifted considerably. On November 18, 1920, Schnitzler declared to Heinrich Mann that all aspects of copyright required reform, which could only occur if there were international cooperation.[16] The lack of safeguards to protect an author's rights already had a considerable history.[17] On the other hand, as Schnitzler expressed to his publisher Samuel Fischer in a letter of July 5, 1920, he was unwilling to relinquish involvement with foreign rights.[18] Hence, Schnitzler's losses might have been less pronounced, had he allowed S. Fischer to assume the foreign responsibilities. Often S. Fischer had acknowledged his firm's ability to oversee such responsibilities.

On January 28, 1922, Schnitzler wrote to Thomas Mann: »Indeß hat auch dieses Werk [e. g., *Casanovas Heimfahrt*] sein Schicksal oder wenigstens seine kleine Affaire gehabt (ich bin dergleichen ziemlich gewöhnt) [...]«, adding, with an apparent inflection suggesting satisfaction: »[...] die Angelegenheit endete diesmal mit einer erheblichen Blamage der Tugendbolde [e. g., the *New York Society for the Suppression of Vice*] und für mich hatte die Sache überdies den Vorteil, daß der Verleger in Erwartung künftiger Geschäfte mir einen Teil des Geldes zahlte, das er mir noch schuldig war.«[19]

---

[15] Schnitzler, Briefe 1913–1919 (note 5), p. 203ff.

[16] Ibid., p. 219; cf. Schnitzler's letter of April 18, 1921 to Marja Fjodorowna Andrejewna, Briefe 1913–1931 (note 5), p. 250f. Of course, Schnitzler was not the first author to experience financial losses as a result of pirated versions of his literary works being published or because of the prevailing general lawlessness about such matters. Cf. the four essays under the category »Intellectual Properties. Copyright and the Status of Texts«. In: Texts. An Interdisciplinary Annual of Textual Studies 10 (1997), p. 120–150.

[17] Cf. Jürgen Helle: Grundzüge des Urheberrechts und seiner geschichtlichen Entwicklung. In: Editio. Internationales Jahrbuch für Editionswissenschaft 7 (1993), p. 242–257; Reinhard Wittmann: Geschichte des deutschen Buchhandels. München: Beck 1999, esp. p. 172ff; The Construction of Authorship. Textual Appropriation in Law and Literature. Ed. by Martha Woodmansee and Peter Jaszi. Durham: Duke University Press 1999; Ludwig Gieseke: Vom Privileg zum Urheberrecht. Die Entwicklung des Urheberrechts in Deutschland bis 1845. Göttingen: Schwartz 1995.

[18] Schnitzler, Briefe 1913–1919 (note 5), p. 210.

[19] Ibid., p. 298. In *Casanova's Homecoming* Schnitzler spoke about the raw vagaries of the libido, but, in so doing, demonstrated remarkable creative talent: in the psycho-

Elucidation about the interaction between Schnitzler and the publisher Thomas Seltzer, founded on their previously unpublished correspondence, permits us to understand many aspects about copyright issues and intellectual property matters. Thomas Seltzer, born in Poltava, Russia on February 22, 1876, moved to the United States in 1887 with his parents. Most of his education was undertaken on American soil, but he had studied in Hebrew schools in Russia. Scholarships allowed him to attend the University of Pennsylvania, from which he received his Bachelor of Arts degree in 1897. Postgraduate assistance permitted further study of languages, and he became conversant not only in Russian and Yiddish, but also in Polish, German, French, and Italian. Most interesting is that, when Maxim Gorky arrived in New York in the spring of 1906, Gorky chose Seltzer as his official translator and interpreter.

In the publishing world Seltzer had established himself as a competent editor and translator, and in late 1917 he became a third partner in the Boni and Liveright publishing company, founded in early 1917. He assumed the position of vice-president and editor of their Modern Library.[20] In 1919, Thomas Seltzer left Boni and Liveright (not of his own accord) to found a new firm under his own name. This New York-based publisher, thirteen years older than Schnitzler, continued to be remiss in transmitting to Schnitzler the revenues due him. In letter after letter, Schnitzler asked for the amount owed him. Their association also elucidates a number of unknown and interesting characteristics about Schnitzler. Schnitzler's previously unpublished letter of July 15, 1922 to Seltzer reveals Schnitzler's characteristic, yet incorrect, assumption that an author's intellectual rights would in no instance be violated, even if certain legal formalities had not been adopted. Schnitzler's overall comments about copyright matters demonstrate his gullibility about certain legal matters.

The first time Thomas Seltzer's name is mentioned in Schnitzler's diary there appears to be no friction between them; on April 1, 1921 Schnitzler noted: »Ges. Ausgabe in Amerika; – bestätigt mir gleichfalls die Popularität meines Namens in Amerika (Freud, Einstein – ich ihrer Meinung nach die bekanntesten.«).[21]

---

logical narrative he probed into the mind of an individual who, in youthful days, had been consumed with the exclusive objective of bedding women; as the reader meets Casanova at an advanced age, this has changed. Schnitzler unfolds the tragedy of senescence – the anguish of growing old – sketching poetically Casanova's psyche, his innermost feelings, thoughts, and emotions. However, Schnitzler's accountable probing of the reckless adventurer figure Casanova's inner dynamics awakened opposition from puritan-minded individuals, namely, the *New York Society for the Suppression of Vice*, who hailed charges of obscenity and pornography at it.

[20] Albert and Charles Boni, who were sons of Thomas' sister Bertha, had been in the publishing business for many years. Horace Liveright had joined Albert Boni in 1917 to form Boni and Liveright, Inc.

[21] Arthur Schnitzler: Tagebücher 1879–1931. Hg. von der Kommission für literarische Gebrauchsformen der Österreichischen Akademie der Wissenschaften unter dem Obmann Werner Welzig, unter Mitwirkung von Peter Michael Braunwarth, Susanne

Schnitzler's diary entry of January 10, 1923 also sounds non-combative and contains a matter-of-fact tone: »[...] bei Scofield Thayer[22] (in amerik. Angelegenheit um Rath fragen, da [New York] Verleger [Alfred A.] Knopf unberechtigt *Weg ins Freie* ankündigt, worüber Seltzer, ebenso unberechtigt, sich irritirt, als wenn er Rechte hätte).«[23] Schnitzler was annoyed, but not to the degree as the interaction with Seltzer over the next few months warranted. On the other hand, on March 5, 1923, Schnitzler related to Professor Robert Arnold, a colleague at the University of Vienna, that he was already aware of the numerous (Schnitzler used the word »zahlreich«) intentional and unintentional misunderstandings attributed to *Reigen*.[24] Similarly, Schnitzler remarked in this same letter:

> Auch *Casanovas Heimfahrt* hat in Amerika seine Schicksale gehabt. Nun hat das Buch dort (nachdem der Herausgeber der englischen Übersetzung auf eine Anzeige der Gesellschaft zur Bekämpfung des Lasters unter Anklage gesetzt und glänzend frei gesprochen war) bei Kritik und Publikum beträchtlichen Anwert gefunden.[25]

In earlier years Schnitzler's inability to collect money due him for translations of his works, in particular in America, had only been annoying. However, as time passed and increasingly royalties were not sent to him, he found that mere annoyances had become a veritable financial burden as well as an emotionally exhausting, time-consuming, and humiliating dilemma. Even though Schnitzler had utilized various ethical and honest approaches in an effort to bring about a resolution, no significant progress had been made. At an apparent impasse with Seltzer, Schnitzler realized that, as a single individual from another country, he had already taken every possible step to receive due payment (the same could be said regarding payment for unauthorized theater productions and translations of Schnitzler's other works). As Schnitzler's unpublished letters with Seltzer reveal, Schnitzler felt that, in good conscience, he could not allow the American publisher Seltzer, whose deeds were scandalous and libelous, to elude legal incrimination and just punishment.[26] Once again, Schnitzler assessed his opposition, this time concluding that – at least in America – it would be illogical and unfeasible to act alone in any further polemics concerning copyright. No recourse existed except to engage legal services.

In another letter, dated June 11, 1923, Schnitzler turned to the Russian-born, New York based attorney Murray C. Bernays (who had married Freud's niece and retained her last name – he also represented Freud in legal matters in the United States, a fact that Schnitzler proudly related to his wife). Schnitzler

---

Pertlik und Reinhard Urbach. 10 vols, Wien: Österreichische Akademie der Wissenschaften 1987–2000, vol. 7: Tagebuch 1920–1922, p. 164.

[22] Editor of the American magazine *The Dial* from 1920 to 1929.

[23] Schnitzler, Tagebuch 1923–1926 (note 21), p. 13.

[24] Schnitzler, Briefe 1913–1931 (note 5), p. 307f.

[25] Ibid., p. 308.

[26] Incidentally, only one letter from Schnitzler to Seltzer is included in the two-volume S. Fischer Verlag Schnitzler letter edition.

knew that lawsuits were expensive but, as he explained to Bernays, he believed that such expenses would not be wasted. Since Schnitzler had supporting evidence, it should not prove too difficult to present his claim in a court of law. Theoretically, as Schnitzler deliberated both to himself and to colleagues, he felt that such lawsuits were mostly a matter of inconvenience, regarding the time needed to secure the best attorney or to acquire the necessary documents.[27] In another letter to Bernays, dated one year later, June 11, 1924, Schnitzler proffered what may be the clearest statement concerning his personal understanding regarding intellectual property matters, as well as the degree of hurt and malice which he suffered from Seltzer's reprehensible behaviour.[28]

For Schnitzler, the significant legal battle about money due to him based on the *Casanova's Homecoming* contract was not over the issue of its supposed obscenity, but over the issue of copyright regarding his work in the United States. To achieve this end, Schnitzler needed to confess how little he really understood of copyright law. Winning the case would be of substantial monetary value, but legal satisfaction from the American literary pirates represented his true goal. As Schnitzler said, he was less interested in recovering his earnings than in publicly exposing the literary scam, which the unscrupulous publisher Thomas Seltzer had been carrying out. Schnitzler maintained that he had a moral obligation to protect future writers from the same pitfalls he had run into.

In his letter of December 1, 1923 to Bernays, Schnitzler revised his self-image. Instead of speaking in a manner that suggested he was well versed in American law, he sought answers to the essential questions that had been bothering him. Among the issues of special concern to Schnitzler were the following: did he still own the rights to his own works, which others had translated without his permission? Would it be better, if he, as the author of a book, sent the volume to the copyright office in Washington, rather than to have that done by S. Fischer, his German publisher? Could an American attorney forcefully stop the sale of unauthorized editions of his works in America? Was it true that a volume became free for public use if it remained not translated for a year? As he presented his questions, he also stressed that at present neither American law nor the moral scrutiny of publishers were protecting authors. In the meantime, days, weeks, and months passed.

In May 1924, attorney Bernays indicated to Schnitzler that he could not provide any further legal assistance for him. Schnitzler's response of May 22, 1924 to Bernays reveals that the Austrian writer never expected an attorney would be unable to resolve his claims satisfactorily. Not knowing what to do, Schnitzler initially vented astonishment, though he realized quickly that such behavior would bring about no tangible resolution. Schnitzler's diary notation of June 3, 1924 relates the following: »Dr. Bernays (New York) schreibt einen ziemlich erwarteten Brief, er könne in meinen Angelegenheiten kaum etwas

---

[27] Schnitzler, Briefe 1913–1931 (note 5), p. 343–347.
[28] Ibid.

thun.«[29] Weeks passed without any serious plan as to how to achieve this goal. During this time, Schnitzler once again pursued a vehemently aggressive writing campaign against Seltzer. However, the more Schnitzler wrote, the more he set himself up for disappointment, since Seltzer did not even reply.

Schnitzler's stance toward Seltzer is outlined clearly in his letter of August 4, 1924. Of key importance in this document, which bears witness to the immense intensity of Schnitzler's outrage at Seltzer's various exploits, is the following:

> Ein letztes Mal, Herr Thomas Seltzer, will ich mich auf diesem direkten Wege an Sie wenden. Sie sind mir Honorar schuldig. Seit mehr als einem Jahre. Diese Schuld wächst an. Trotz wiederholter dringender Mahnung halten Sie das mir gehörige Geld zurück, ja seit dem 12. Oktober v. J. antworten Sie mir nicht mehr auf meine Briefe, und schicken außerdem keine Abrechnung. [...] Oft genug, ja meistens muß auch ich mich damit abfinden, mich um den wohlverdienten Ertrag meiner geistigen Arbeiten verkürzt zu sehen und hüte mich meine Zeit auf die Geltendmachung von Ansprüchen zu verschwenden, die ich nur von einem ethischen Standpunkt aus erheben dürfte. In unsrem Falle aber [...] steht die Sache anders und günstiger für mich.[30]

Schnitzler's interaction with the American publisher had demonstrated over a relatively short period of time that Seltzer's unreasonable and unnecessary business tactics reeked with excessive boldness and temerity. While the uncivil practices conducted by Seltzer in the matter of *Casanova* would have stretched the limit of any individual's ability to behave decently, the entire affair seemed to mushroom out of control when Schnitzler accidentally learned from friends that Seltzer, without his authorization, had sold his short story *Die Toten schweigen* to a magazine. Seltzer's deed evoked almost unlimited bewilderment, contempt, and estrangement in a manner different from previous occasions. For now the complete absurdity of Seltzer's principles, together with his repetitive display of silence and non-action, concealment and deception, fully impacted on Schnitzler. It became evident to Schnitzler that all matters of ethics and morality had no meaning for the publisher.

Insulted and infuriated over Seltzer's contemptible behavior, Schnitzler remarked in this same letter of August 4, 1924:

> Ich bin in der angenehmen Lage vom Ethos hier absehen zu können; – die Werke, um die es sich diesmal handelt, sind solche, die ordnungsmäßig ihr Copyright erhalten, und über die Sie mit mir regelrechte, in der ganzen Welt giltige Verträge geschlossen haben. Und so werden Sie sich schon bequemen müssen, Herr Seltzer, Ihr Schweigen und sei es auch erst vor Gericht, zu brechen. [...].[31]

The August 4 missive shows Schnitzler as an authoritative, decisive, self-confident and experienced individual. We also witness someone with angry language, undaunted pronouncements and an emphatic tone. Such traits are not typically found in Schnitzler's letters. However, the conflict experienced with

---

[29] Schnitzler, Tagebuch 1923–1926 (note 21), p. 153.
[30] Schnitzler, Briefe 1913–1931 (note 5), p. 357–361.
[31] Ibid., p. 361f.

Seltzer brought out such Schnitzlerian characteristics, thereby offering the literary historian a unique and rare opportunity to more fully understand the life and work of Arthur Schnitzler, and particularly topics such as American/German literary relations and author/publisher relationships.

Schnitzler often stated to Hofrätin Anna Eisenmenger (who, for some time, while living in America, had been assisting him with publishing and translating difficulties) that he needed to engage the best law firm available. Of course, Schnitzler had been referred to several authoritative and influential New York attorneys. Yet, in the end, all of these legal firms were unable to secure justice. Schnitzler's claims essentially advanced no further than when he had acted on his own behalf. Schnitzler's analysis of Bernays' actions is made clear in his letter of August 4, 1924 to a New York friend and physician, Joseph S. Asch. In it Schnitzler claims that Bernays had abandoned him (»aus rätselhaften Gründen in dieser [Seltzer] Sache [...] im Stiche gelassen«)[32], thereby necessitating the hiring of new legal representation. Once more, Schnitzler found himself in a situation which demanded that he start all over.

In an unpublished letter of March 12, 1925 to Ben Stern, Schnitzler once again summarized some of his concerns about »die amerikanischen Gerichte« and their »Machtmittel«. In the letter to Stern, Schnitzler pondered if justice could be obtained:

> Ich habe den Eindruck, daß auch in der Angelegenheit gegen Nicholas Brown (*Reigen* and Novellenbuch *Hirtenflöte*) ein Resultat [e. g. favorable ruling in accordance with the American justice system] nicht zu erziehen war. Auch hierüber erbitte ich Nachricht, um, wie es schon seit längerer Zeit meine Absicht ist, auch in dieser Sache voraussichtlich in breiterer Öffentlichkeit nicht nur gegen die unkorrekten Verleger, sondern im Interesse der gesamten Schriftstellerwelt gegen die ungeheuerlichen Mißstände vorzugehen, unter denen ja nicht ich allein, sondern so manche andere deutsche Schriftsteller zu leiden haben.[33]

Mention needs to be made of an interview Schnitzler once gave to George Sylvester Viereck, twenty-two years his younger. It had appeared in 1930, but the research for it stemmed back to conversations held years earlier with Schnitzler (e. g., in March 1923 and in July 1927). As the available Schnitzler/Viereck letters show, Schnitzler did not criticize Viereck's reporting on his statements about copyright. Such approval serves as further evidence to document Schnitzler's position. As presented in the interview »Die Welt Arthur Schnitzlers«, Schnitzler said to the Munich-born Viereck:

> Ich hoffe, Amerika wird seine Copyright-Gesetze ändern, um die Schriftsteller, die es bewundert, auch zu schützen. Ich persönlich habe viel Einbuße dadurch erlitten, daß Amerika der Genfer Konvention zum Schutze des Urheberrechtes nicht beigetreten ist.[34]

---

[32] Ibid., p. 363.
[33] See note 1.
[34] Materialien zur Ausstellung der Wiener Festwochen 1981 (note 6), p. 22.

Viereck also inquired if Schnitzler supported perpetual copyright (»ewigen Urheberschutz«). Such a concept had already found an advocate in the poet William Wordsworth. We may recall that, even though the new copyright law enacted in 1842 did not fully reflect Wordsworth's position, Parliament had listened to Wordsworth's reasoning. About a hundred years later such reasoning was reiterated by Schnitzler in his interview with Viereck entitled »Die Welt Arthur Schnitzlers«. Schnitzler maintained:

> Warum nicht [einen ewigen Urheberschutz]? Der Mann, der einen Roman schreibt, und der Mann, der ein Fabrikationsverfahren erfindet, hat Anspruch auf den gleichen Schutz wie der Mann, der mit Eisenbahnen oder Steinen neue Werte schafft, oder der Mann, der die Frucht seiner Tätigkeit in einer Gesellschaft arbeiten läßt. Unter gewissen Schutzmaßnahmen für die Öffentlichkeit sollte der Schutz geistigen Eigentums unbeschränkt sein. Nachdruckschutz sollte überflüssig sein. Das geistige Eigentum müßte ohne Sondergesetzgebung ebenso sicher sein wie jeder andere menschliche Besitz.[35]

Accordingly, Schnitzler stands side by side with other such thinkers and reformers.

Schnitzler also mentioned copyright issues in a letter of July 11, 1929, entitled »Ein Beitrag zur Kritik des internationalen Urheberrechts«.[36] There, Schnitzler focused attention on copyright issues, but only as experienced with a single Italian publisher. On still another occasion, in October 31, 1929, a further letter appeared in the *Börsenverein der Deutschen Buchhändler*, in which Schnitzler stated:

> Gegen den gewerbsmäßigen, besonders auch gegen den durch ein sogenanntes Urheberrecht gesetzlich geschützten oder zum mindesten nicht straffälligen Diebstahl am geistigen Eigentum sind wir Schriftsteller, nicht in Deutschland allein, vorläufig vollkommen machtlos. Aber was mir noch viel widerwärtiger scheint als diese gewissermaßen systemisierten [sic] Raubverhältnisse ist diese wahrhaft großartige internationale Lümmelei, wie sie sich nicht nur in der Unhöflichkeit der Unternehmer und Geschäftsleute (also von Verlegern, Theaterdirektoren, Agenten) gegenüber den geistigen Arbeitern, sondern auch in der noch kläglicheren und unbegreiflicheren Rücksichtslosigkeit der geistigen Berufs- und Standesgenossen herausgebildet hat und die mir als einer der Gründe erscheint, daß die Achtung vor dem geistigen Eigentum, ja man könnte sagen der Begriff des geistigen Eigentums, in das Bewußtsein der Massen, ja kaum in das der sogenannten gebildeten Schichten, von der Regierungen gar nicht zu sprechen, bisher (nicht) Eingang gefunden hat.[37]

In this text (*Börsenverein der Deutschen Buchhändler*), Schnitzler spoke about individuals who were publishing his works in Russian translation. Yet, there

---

[35] Ibid.

[36] Adressed to SDSO (Schutzverband deutscher Schriftsteller in Österreich), it appeared in the journal *Der Schriftsteller* (1929). See Arthur Schnitzler: Ein Beitrag zur Kritik des internationalen Urheberrechts. In: Der Schriftsteller 8 (1929), p. 6–8. Cf. Rudolf Cahn-Speyer's reply, in: ibid. 10 (1929), p. 7–8 (also not in Allen).

[37] Schnitzler, Briefe 1913–1931 (note 5), p. 627f.

appears to be nothing substantial, which would differentiate the actions of the Russians from the Americans. Schnitzler felt that each country provided equally reprehensible figures:

> Im übrigen habe ich niemals, weder unter dem alten noch unter dem neuen Regime, von einem Verleger, Zeitungsherausgeber, Theaterdirektor, Übersetzer oder Agenten, ein Honorar oder Tantièmen erhalten und bin beinahe niemals um irgend eine Autorisation ersucht worden; gelegentliche Mahn- und Fragebriefe (darunter einer durch die hiesige Sowjetgesandtschaft direkt an das zuständige Sowjetkommissariat) blieben ausnahmslos unbeantwortet; ja es ist in diesen 35 Jahren nicht ein einziges Mal vorgekommen, daß ein Verleger, ein Direktor, ein Redakteur, ein Übersetzer mich von dem Erscheinen irgend eines meiner Werke, der Aufführung eines meiner Stücke auch nur mit einer Zeile verständigt, geschweige denn mir ein Exemplar oder einen Bericht zugesandt hätte. Dabei gibt es wohl kein einziges meiner Werke, das nicht ins Russische übersetzt und nur wenige Stücke, die nicht in Rußland aufgeführt worden wären.[38]

Considering the difficulties which the American edition of *Casanova* generated, it seems ironic that, in this same October 31st letter, Schnitzler could report to the *Börsenverein der Deutschen Buchhändler* that the Russian translation of *Casanova* (in Verlag Kniznyi ugol, 1923) had appeared with his authorization. He further explained: »[...] daß ich für die Übersetzung von *Casanovas Heimfahrt* ins Russische tatsächlich vor einer Reihe von Jahren eine Autorisation erteilt und auch ein Honorar erhalten habe.«[39] Schnitzler recognized that royalties from Russian editions of *Casanovas Heimfahrt* and other works (*Masken und Wunder*) were exceptions:

> [...] daß die beiden oben genannten Bücher nahezu die einzigen sind, für die ich im Laufe meiner schriftstellerischen Tätigkeit von zirka 35 Jahren jemals ein Honorar aus Rußland bezogen habe.[40]

During the period Hofrätin Anna Eisenmenger lived in America she formally had represented Schnitzler's interests in her host country. Very much aware of his American reception, Schnitzler recorded in his diary on December 4, 1924, after having spoken with her that day: »Bei Hofr. Eisenmenger, die aus Amerika zurück. ›Sie sind der bekannteste und bestohlenste Autor in Amerika.‹ Allerlei Vorschläge.«[41] Many conversations »über Urheberrechtliches und die Räuberzustände«, as Schnitzler sometimes referred to them,[42] were devoted to this subject, and this instance, to be sure, demonstrated the author's consciousness of the state of affairs.

In summary, the theft of Schnitzler's literary property engendered within him enormous emotional turbulence. Each instance became ever more heart-

---

[38] Ibid., p. 626f.
[39] Ibid.
[40] Ibid., p. 626.
[41] Schnitzler, Tagebuch 1923–1926 (note 21), p. 234.
[42] Ibid., January 22, 1924, p. 119.

rending and annoying. Schnitzler's claims regarding this subject, professed early in his career (for example, on October 2, 1926 to the actor and regisseur Max Montor), had not considerably changed by the time of the *Casanovas Heimfahrt* negotations with Simon & Schuster in the 1930's. »Leider gibt es kein internationales Urheberrecht«, Schnitzler already conveyed in October 1926 to Max Montor, »keine Achtung vor dem geistigen Eigentum und man ist im allgemeinen angewiesen auf die Anständigkeit der Verleger und Direktoren, also auf manchmal höchst problematische oder vollkommen imaginäre Instanzen«.[43]

A more comprehensive statement about certain perspectives on the intellectual property matter is offered by Schnitzler in his possibly most detailed missive, the document of March 18, 1931 to Roy Temple House, the American journalist, writer and translator, who, from 1927–1949, was also the editor of the journal *Books Abroad*. There Schnitzler spoke about the need for »eine Reform des Urheberrechts« and, particularly »des internationalen oder wenigstens eine Berücksichtigung und Einhaltung der schon bestehenden Gesetze«, which, as Schnitzler also remarked to Roy Temple House, are »keineswegs in ausreichendem Maße der Fall«.[44] Schnitzler continued his argument to Roy Temple House as follows:

> Das geistige Eigentum ist leider dem materiellen noch nirgends vor dem Gesetze gleichgestellt und so kommt es immer wieder vor, daß auch direkte Verletzungen der schon bestehenden Gesetze nicht in der richtigen Weise oder gar nicht geahndet werden, so daß die Subjekte, die sich am geistigen Eigentum in der jämmerlichsten Weise vergreifen, nicht nur straflos, sondern auch noch als geachtete Leute in der Welt herumlaufen.[45]

Yet Schnitzler acknowledged the status of the situation, proclaiming further:

> Aber diese Dinge werden sich nicht von heute auf morgen ändern lassen und überdies werden immer noch genug geistige Arbeiter übrig bleiben, die auch dann nicht genug verdienten, wenn man sie anständig bezahlen würde.[46]

Just as Schnitzler elaborated his position to Roy Temple House, so, too, did he explicate it beyond the general level, as follows from a conversation with Berta Zuckerkandl-Szeps, who had recorded their discussion.

> Der geistige Rechtsschutz kann allein nur auf internationaler Basis neu aufgebaut werden. Es gibt aber meinem Empfinden nach ein einziges wirksames Mittel, um die Parlamente, die Regierungen und die Allgemeinheit für diese bedeutsame Frage zu interessieren. Und das ist: den Staat zu beteiligen.[47]

Explaining the implications, Schnitzler attested:

---

[43] Schnitzler, Briefe 1913–1931 (note 5), p. 455.
[44] Schnitzler, Briefe 1913–1931 (note 5), p. 774f.
[45] Ibid.
[46] Ibid.
[47] Zuckerkandl-Szeps, Gespräch mit Schnitzler (note 3).

Es müßte eine Rechtseinrichtung getroffen werden, daß der Staat aus allen im Ausland übersetzten und dort erschienenen Werken einen gewissen Prozentsatz von deren Einnahmen bezieht. Während bis jetzt nicht einmal wir, die Autoren, in irgend nennenswerter Weise Berücksichtigung gefunden haben. Ein staatliches Kontrollbureau hätte für die einwandfreie Überwachung der Einnahmen, der Auszahlungen zu sorgen. Aus den dem Staate zukommenden Prozenten könnte er soziale Einrichtungen bedenken.[48]

Schnitzler suggested the following possibility:

Wie nun diese Idee einer Kompagnonschaft des Staates an dem Ertrag geistiger Arbeit ausgeführt werden könnte, dies muß ich Menschen, die, weil sie größeres Organisationstalent haben als ich, überlassen. Eines nur scheint mir gewiß. Eine internationale Verständigung der Staaten, die als Mitbeteiligte eine straffe, streng gehandhabte, jeden Mißbrauch, jede Übervorteilung ausschließende Organisation des geistigen Rechtsschutzes in die Wege leiten müßten, ist das Erstrebenswerte.[49]

Regarding legal disputes, Schnitzler remained content to read about their progression from newspapers and reports provided in letters from friends and associates. His attitude about the situation is probably best captured in his remarks to Thomas Mann, where he essentially made fun of the absurd legal episodes.[50] Schnitzler was confident that his creative accomplishments would outlive precipitous gossip and absurd legal proceedings. He maintained that an oppositional voice might always be present but, as time passed, its tone would weaken and its ability to generate resistance would lessen.[51] Even regulations concerning censorship might be re-defined, as a result of the dissolution of the Austro-Hungarian empire. On October 31, 1918, Schnitzler wrote in his diary:

Dir. [Alfred] Bernau tel.; – da Censur so gut wie aufgehoben, will er sobald als möglich Bernh[ardi] spielen ... Erfreulich – aber etwas kostspielig: Weltkrieg und Revolution, – damit – diese Aufführung in Wien möglich wird![52]

Despite efforts by some, Schnitzler's creative writings continue to be designated as modern classics and remain part of world literature's canon.

Among the documents discussed there is a reference by Schnitzler about the Seltzer matter as late as February 6, 1930. But Schnitzler declared in an unpublished letter to Otto P. Schinnerer that it probably was too late to achieve any form of *bona fide* remuneration and that it would be best to drop the entire matter.

---

[48] Ibid.
[49] Ibid.
[50] See letters of December 28, 1922 to Mann or of March 5, 1923 to Robert Arnold, and of August 4, 1924 to Joseph S. Asch (Schnitzler, Briefe 1913–1931 [note 5], p. 298, 308, and 363).
[51] Cf. ibid., p. 235, February 17, 1921 to Stefan Grossmann.
[52] Schnitzler, Tagebuch 1917–1919 (note 21), p. 196.

Arthur Schnitzler

Urheberrecht und geistiges Eigentum

[1][53]

Ich brauche nicht erst zu versichern, daß ich hier nicht in eigener Sache das Wort ergreife. Es handelt sich nicht um reine 300 S[chilling], die übrigens vorläufig noch die 300 S[chilling] der Ravag[54] sind, es handelt sich auch nicht um die Ravag allein, sondern um die Frage des geistigen Eigentums und des Urheberrechts ganz im Allgemeinen.

Diese Fragen sind keineswegs ausschliesslich oder auch nur vorwiegend materielle, sondern es sind *ideelle*,[55] wenn auch nicht gerade ideale Fragen.

Ich glaube nicht einmal, daß sie von den Unternehmern ausschliesslich oder vorwiegend in ihrer *materiellen Bedeutung* aufgefasst werden, sondern daß auch für die Unternehmer hier eine *Machtfrage* auf dem Spiele steht. Es handelt sich genau gesehen um einen Kampf oder sagen wir milder um Meinungsdifferenzen, um Diskussionen zwischen den Unternehmern und den geistigen Arbeitern.

Um es gleich durch ein naheliegendes Beispiel zu illustrieren. Ich habe in meiner Klageschrift gegenüber der Ravag ausdrücklich betont, daß die Ravag, wenn sie eine Vorlesung veranstalten wollte, immerhin die Wahl zwischen vielen tausenden Vortragsstücken hatte und daß ihr doch mindestens die Möglichkeit geboten war, sich mit dem Autor ins Einvernehmen zu setzen, ob ihm eine solche Vorlesung genehm sei.[56] Die Honorarfrage kommt schliesslich in zweiter Linie, aber es ist doch ein vollkommen unhaltbarer Zustand, daß jede Unternehmung, jeder Vortragende über das Werk eines Schriftstellers verfügen darf, wie über herrenloses Gut und öffentliche Vorlesungen veranstalten wann, wo und durch wen es ihnen gut dünkt.

---

[53] For better clarity and distinction between each section I have numbered them; Schnitzler's manuscript, however, does not employ such a numbering format and, for him, one section simply follows the next.

[54] Ravag = Österreichische Radio-Verkehrs-Aktiengesellschaft, initiated on September 30, 1924 by Oskar Czeija.

[55] In Schnitzler's manuscript this word as well as others in italics (see below) were underlined.

[56] In spring 1927, Schnitzler sought royalties from RAVAG for the reading of three of his narrative works. The RAVAG argued that readings (»Vorlesungen«) are not protected by copyright (»nicht urheberrechtlich geschützt«). In summer 1927 Schnitzler (represented by his attorney Norbert Hoffmann), presented a lawsuit against RAVAG. In spring 1928 it was decided in his favor, and he received 100 Schilling from RAVAG, which he forwarded to the »Schutzband deutscher Schriftsteller in Österreich« (SDSOe). Schnitzler's diary notation of Sept. 30, 1927 reads: »Meine Klage gegen die RAVAG in den Zeitungen lebhaft besprochen, wobei die RAVAG sehr schlecht abschneidet.« (Schnitzler, Tagebuch 1927–1930 [note 21], p. 90).

Die Theater, ⟨die doch bekanntlich Tantiemen zahlen, wenigstens manch-mal⟩,[57] fragen doch vorher in jedem Falle an, sei es beim Autor oder bei sei-nem Vertreter, ob sie ein Stück aufführen dürfen und zahlen überdies noch Tantiemen, wenigstens manchmal. Es besteht absolut kein vernünftiger Grund, daß ein solcher Vorgang nicht auch beim Vortrag erzählender Dichtungen eingehalten werde.

[2]

Vor Jahren fand, wenn ich nicht irre in der Juridischen Gesellschaft, eine En-quête über die Frage des Urheberrechtes statt. Es wurde damals von [Richard] Beer-Hofmann nicht mit Unrecht darauf hingewiesen, daß es eigentlich genügen müsste, das geistige Eigentum einfach dem materiellen Eigentum gleichzuset-zen, daß also Vergehen gegen das geistige Eigentum ebenso als diffamierend zu betrachten seien, wie jede andere Art von Diebstahl und Raub.

Ganz im Gegenteil steht die Sache heute so, daß das geistige Eigentum unter Ausnahmsgesetzen steht, nicht unter Ausnahmsgesetzen, die zu seinem Schutz erlassen worden sind, sondern unter Gesetzen, die das geistige Eigentum von Fall zu Fall vogelfrei machen. Wie sich ja auch die Ravag zu ihrer Entschuldi-gung auf einen Paragraph so und so viel unseres Gesetzbuches beruft, nach-dem erzählende Werke, die bereits erschienen sind, jedes urheberrechtlichen Schutzes entbehren. Es könnte also ohneweiters der Fall eintreten, daß irgend ein Vorleser mit dem Werk eines Schriftstellers durch die ganze Welt zieht, Millionen damit verdient, während der Dichter des Werkes im Sinne des Ge-setzes verhungern darf.

Logisch ist das absolut nicht einzusehen, aber in dieser Frage scheint Logik und Rechtsgefühl überhaupt ausgeschaltet zu sein. Wir wissen ja alle, daß die Autoren sich ihre Rechte auf Mitbeteiligung an dem Gewinn, der durch ihre Werke erzielt wird, Schritt für Schritt haben erkämpfen müssen und historisch betrachtet ist es schliesslich kein Wunder, daß ein Stand, der erst vor einigen Jahrzehnten die Einführung der Tantiemen durchgesetzt hat, auch einige Mühe daran wenden muss, um sich die anderen gebührenden Rechte zu sichern, wie z. B. eben die Mitbeteiligung an den Einnahmen, die Theaterdirektoren und Konzertunternehmer durch Vorlesungen seiner epischen Werke erzielen. Ich erwähne auch Theaterdirektoren. Denn auf die Gefahr hin, daß Sie mich für einen Querulanten halten, möchte ich Ihnen mitteilen, daß ich vor einigen Wochen in Deutschland die Klage gegen eine Direktion erhoben habe, die durch eine berühmte Schauspielerin vor überfüllten Hause die Vorlesung einer Novelle von mir abhalten liess, und sich gleichfalls, geradeso wie die Ravag, unter Berufung auf einen Gesetzesparagraphen weigert, von den 3000 Mk., die sie an jenem Vormittag eingenommen hat, dem Autor auch nur einen Pfennig auszuzahlen.

---

[57] Schnitzler included these words in the text, but then crossed them out.

[3]

Es wäre ein Unrecht, wenn wir heute, da wir über das Vorgehen der Ravag sprechen, die Gelegenheit nicht benützten und von den zahlreichen anderen Mängeln und Lücken des Urheberrechts, von dem mangelnden Schutze des geistigen Eigentums und vor allem von dem höchst ungenügenden Rückhalt sprächen, den eine Bewegung zur Änderung dieser Zustände in den breiteren Schichten des Publikums vorläufig fände. Man darf vielleicht sagen, daß bisher der Begriff des geistigen Eigentums der grossen Menge keineswegs klar geworden, daß er den Menschen gewiss nicht so in Fleisch und Blut übergegangen ist wie der Begriff des materiellen Eigentums, über den sich nicht nur die Bürger, sondern auch die Marxisten im Wesentlichen vollkommen klar und in aller Verschiedenheit des Standpunkts durchaus einig sind.

Im Publikum und in der Masse fehlt vorläufig beinahe jedes Verständnis für diese Auffassung. Das ist ebenso ehrenvoll als gefährlich für unseren Stand, denn es soll wieder einmal ausgesprochen werden, daß Alle, die geistige Arbeit ins Wort umsetzen, und von diesem Berufe leben, Schriftsteller, Journalisten und Dichter, abgesehen vom Grade des Talentes, abgesehen von ihren politischen Überzeugungen einen in sich geschlossenen Stand bilden. Mit Solidarität hat das nicht das Geringste zu tun. Ob der Einzelne den Einzelnen liebt oder hasst, hoch oder gering schätzt, tut hier nichts zur Sache. Aber wir haben nun einmal gemeinsame Interessen, die wir nur durch gemeinsames Vorgehen fördern können. Dem Gefühl der Einigkeit, das mir hier vorschwebt, fehlt jede Sentimentalität und jedes Pathos.

[4]

Unsere Versammlung hätte nicht die Bedeutung und nicht einmal den Sinn, den sie haben könnte, wenn wir uns in unseren Diskussionen nur auf das Verhalten der Ravag beschränken würden und auf die zahlreichen anderen Fragen nicht hinwiesen, die in Zusammenhang damit stehen.

[5]

Auf welche Weise wird Abhilfe geschaffen werden? Ich glaube nicht, daß einfach durch ein Gesetz des Inhalts, daß das geistige Eigentum ohneweiters dem materiellen gleichzustellen sei, gründliche Abhilfe geschaffen wäre.

[6]

Eine der Schwierigkeiten besteht vor allem darin, daß die Vergehen gegen das geistige Eigentum durchaus Antragsdelikte sind. Der Staatsanwalt, der augenblicklich zur Stelle ist, wenn einem Bäcker eine Semmel aus dem Laden, ja sogar wenn einem Buchhändler ein Buch aus seiner Auslage gestohlen wird, wird keineswegs gleichgültig bleiben, wenn er zufällig erfährt, daß dieses gleiche Buch etwa in seiner materiellen Gestalt von einem Dieb dem Buchhändler gestohlen wurde, aber nicht, daß nur beispielsweise [?] der Verleger dieses Buches es unterlassen hat, dem Autor des Buches sein Honorar zu bezahlen. Er wird sofort die Anklage erheben, wenn irgendwer z. B. beim Diebstahl eines Theaterbillets betreten [sic] wird, aber er wird sich nicht im geringsten darum kümmern, wenn der Theaterdirektor vergisst, dem Autor die Tantiemen für die Aufführung zu bezahlen.

Die Forderung, daß auch in einem solchen Falle das Gericht unaufgefordert seines Amtes waltet, ist freilich leicht erhoben, aber die technische Durchführung ist eine unendlich schwierige.

Und hierin, in der Kompliziertheit des geschäftlichen Betriebes, liegt das Hauptproblem.

[7]

Es ist auch wenig damit geschehen, wenn irgend ein einzelner Staat die Fragen des Urheberrechtes im Sinne der Vernunft, der Gerechtigkeit zu regeln begänne. Es kann nicht Ordnung geschaffen werden, bevor der Schutz des geistigen Eigentums in allen Ländern auf gleiche Weise anerkannt, gewährleistet und durchgeführt wird. Diejenigen von Ihnen, die Gelegenheit haben, entweder als Originalautoren oder als Übersetzer mit den Verlegern anderer Länder zu verkehren, werden wissen, wie arg es in dieser Hinsicht steht und wie beinahe keine Möglichkeit existiert, in einem fremden Land, selbst mit Hilfe eines Advokaten, in Streitfällen zu seinen Rechten oder sagen wir einfacher – zu seinen Honoraren zu kommen.

[8]

Am unklarsten und für die Autoren am beschämendsten liegen die Urheberrechtsverhältnisse beim Film. Auf diesem Gebiete ist das, was wir geistiges Eigentum nennen, am schwersten zu fassen. Es wird kaum einen Einfall, kaum ein sogenanntes Sujet geben, von dem der Filmunternehmer nicht behaupten könnte, daß er es selbst gefunden; aber darauf kommt es hier weniger an. Hier ist es einfach die Honorierung an sich, das System der Honorierung, gegen das sich die Autoren aufs Entschiedenste wehren müssten. Es wird eine Zeit kommen – heute ist sie vielleicht noch ziemlich fern – in der man staunen wird, mit welchen Summen Autoren von den Filmunternehmern im Allgemeinen abgefunden zu werden pflegen, und in welchem Missverhältnis das dem Autor zugebilligte Honorar mit den sonstigen, zuweilen ungeheueren Ausgaben steht, die Filme bekanntlich erfordern.

Auch hier muss das Recht des Autors, wie es beinahe auf allen anderen schriftstellerischen Gebieten der Fall war, Schritt für Schritt erkämpft werden.

[9]

In jener bereits vorher erwähnten Enquête erklärte der Justizminister Klein, daß eine Besserung aller dieser Zustände nur durch Organisation erreicht werden könnte und daß die Autoren sich besser organisieren müssten als es bisher geschah.

Nun steht die Sache praktisch leider so, daß Organisationen vollkommen wirkungslos bleiben und jeder faktischen Macht entbehren, wenn nicht zugleich ein Streikrecht vorliegt, oder vielmehr eine Streikpflicht.

Abgesehen davon, daß der Streikgedanke als solcher in seinen erpresserischen Tendenzen jedem freien geistigen Arbeiter antipathisch sein dürfte, ist er völlig undurchführbar, wie man nicht erst im Einzelnen nachweisen muss.

Von hier aus ist also das Übel nicht zu kurieren.

Organisationen können Resolutionen fassen, sie können appellieren an Einsicht, an Rechtsgefühl u. s. w., aber alle diese Dinge, selbst im Falle eines augenblicklichen Erfolgs, haben nur plantonischen Wert.

[10]

Das Interesse des Staats, von den Parlamentariern gar nicht zu sprechen, ist heute ein geringeres als es jemals war. Nirgendwo sehen wir an leitenden Stellen, in Österreich gewiss nicht, Männer, die sich für geistige Arbeit oder für das Privatschicksal der geistigen Arbeiter interessieren. Auch die begabtesten unserer Staatsmänner, also die Leute, die imstande wären die Gesetze zu ändern, geben ihre Kraft im kläglichsten politischen Parteikampfe aus. Ferner als je sind wir von der Erkenntnis, daß es ein geistiges gibt, das über allen Parteien, auch über allen sogenannten Überzeugungen steht und nach wie vor, auch im sozialistischen Staat, wird nicht nur der Dichter, sondern überhaupt jeder geistige Arbeiter bei der Teilung der Erde auf den Himmel hingewiesen, der ihm angeblich immer offen stehe.

[11]

Ich glaube auch nicht, daß Enquêten und Versammlungen uns viel weiter bringen werden. Bevor nicht der Begriff des geistigen Eigentums allgemein verständlich und streng umschrieben und bevor nicht die Achtung vor dem geistigen Eigentum eine allgemeine und selbstverständliche sein wird, kann auch der Schutz des geistigen Eigentums kein vollkommener und wirksamer sein, auch wenn er im Einzelnen durch Paragraphen festgelegt wird.

Man kann das materielle Eigentum, die Berechtigung zu einem materiellen, wie es ja tatsächlich geschehen ist, von einem gewissen nationalökonomischen Standpunkt aus in Zweifel setzen; das geistige Eigentum ist als solches unbezweifelbar; wenn überhaupt ein Eigentum existiert, so ist es vor allem das geistige, dem Realität zuerkannt werden muss.

[12]

Aus der Eingabe von Caron Beaumarchais[58] an die Nationalversammlung gegen den Urheberrechtsraub der Theaterdirektoren (23. Dezember 1791).[59]
(Der geistige Arbeiter, Ende Mai 1925).

Einem solchen Direktor sagte ich eines Tages: Wenn die Zeiten so schlecht sind, daß Sie den Verfassern ihre Werke nicht bezahlen können, (ohne die es allerdings kein Theater gäbe) wie können Sie Ihre Schauspieler, Dekorateure, Maler, Musiker, Schuhmacher, Beleuchter, Theaterfriseure bezahlen. Denn keiner von diesen ist für den Erfolg so notwendig als das aufgeführte Stück, das sie alle in Nahrung setzt. – Aber, aber, erwiderte der Direktor, sie würden uns mit Gewalt zwingen zu zahlen. Diese überaus naïve Antwort entschied nach meiner Auffassung die Frage. Fünfzig Schriftsteller auf sich selbst angewiesen, fern von den Orten, an denen man ihr Gut plündert, hatten niemals um Gerechtigkeit zu erlangen *die* Macht oder *das* Vertrauen, wie der Haufen von Requisitenlieferanten, die durch ihre Anwesenheit während der Verwendung ihrer Requisiten die Gerechtigkeit durch ihr Geschrei zwingen ihnen Gehör zu schenken. Das konnten die Schriftsteller nie, sie sind immer bestohlen worden. Ein anderer Provinztheaterdirektor, übrigens ein berühmter Pariser Darsteller, bat mich eines Tages, ich sollte einige meiner Verbandsgenossen veranlassen ihn einige Werke für ein Butterbrot aufführen zu lassen. Und zwar während der sogenannten heiligen Woche in seinem Provinztheater. Wie kann ich denn, erwiderte ich ihm, einen derartigen Vorschlag den Schriftstellern machen, denen es bekannt ist, daß Sie einige ihrer Kolleginnen nach Rouen kommen lassen, deren grosser Ruf viel Publikum in dieser Erntewoche ins Theater ziehen wird. – Aber, aber, erwiderte er. Sie wissen doch, daß ich meiner Kollegin 25 Louis für jedes Auftreten bezahlen muss, sonst kommt sie überhaupt nicht. Mein ganzes Verdienst geht darauf. – Ich erwiderte: Wenn Sie von Ihrer Kollegin nicht den geringsten Nachlaß des Spielgelds von 25 Louis erzielen können – zumal diese Kollegin nur ein Sechstel in der Aufführung meines Stückes darstellt – wie können Sie von dem Urheber, der für sechs Sechstel seines Werkes nicht einmal ein Zehntel des Spielgelds Ihrer Kollegin erhält, verlangen, daß er auch auf dieses Zehntel verzichtet. – Er verstand mich und hörte sofort auf in mich zu dringen. Auf meine Antwort gab es keine Erwiderung.
Des Rätsels Lösung ist, daß die Theaterdirektoren gezwungenermassen alles übrige teuer ohne zu murren bezahlen, wenn sie nur die Urheber ausplündern können. Das ist ihre Rechtschaffenheit.

---

[58] [Pierre-Augustin] Caron [de] Beaumarchais (1732–1799): renowned primarily as the French dramatist who revived Molière's comedy of intrigue. He also issued a complete edition (1784–1790) of Voltaire's works. His own writings include *Le Barbier de Séville* (1775) and *Le Mariage de Figaro* (1784).

[59] Refers to the fact that he defended the financial rights of dramatic authors against the deceptive practices of the actors' companies.

[13]

Ein anderer Direktor hat mir nach einigem Stottern folgende Worte gesagt:

Sie, Herr Beaumarchais, Sie der reiche Mann, verstehen Sie es denn gar nicht, daß man Sie als geldgierig bezeichnen muss, wenn Sie so energisch auf die Honorierung Ihrer Werke – dringen? – Verehrter, erwiderte ich, der selige Marschall Detrees hatte 200.000 Pfund Rente.

Niemals konnte ich von ihm eine Flasche Silleri bekommen, ohne ihm im voraus 6 Franken zu bezahlen und kein Mensch hat ihm Habgier oder Ungerechtigkeit vorgeworfen. – Und trotzdem ist mein Stück vielmehr mein Eigen als sein Weingut sein eigen. Überdies haben Sie eine Ahnung, was ich mit dem Gelde mache? Wenn ich Hilfsbedürftige unterstütze bin ich verpflichtet die Herren Theaterdirektoren meine geheimen Almosenpfleger spielen zu lassen? Und die kleinen Mädchen, deren Beichte die Herren abnehmen, gehören auch sie zu meinen Hilfsbedürftigen?

Schliesslich ob ich nun habgierig bin oder nicht, hat irgend jemand deshalb das Recht mich zu bestehlen?

[14]

Geistiges Eigentum unter Ausnahmegesetzen.
Kontinuirlich *wirkendes Enteignungsgesetz*.
Fehlen des geistigen Eigentumsbegriffs im Publikum.
Sogar bei den Fachleuten.
Notwendigkeit eines automatischen Schutzes.
In anderen Fällen fungiert *das* Gesetz von *Staats* wegen.
Hier muss es erst angerufen werden.

[15]

– Zum Urheberrecht.
Vieles wird wie Anekdote klingen.
Man sagt den Schriftstellern: Organisiert Euch.
Ohne Streikmöglichkeit ist Organisation wertlos.
Streik bei Schriftstellern absolut undurchführbar.
Soll er seine Arbeit einstellen? Wäre eine höchst gleichgültige Sache.
Abgesehen davon, daß er es gar nicht kann.
Sein Wert ist im Handel.
Können sie alle auf einmal aus dem Handel zurückgezogen werden?
Seine Stücke werden aufgeführt.
Wenn nicht im gleichen Moment ein allgemeiner Boykott einträte, wäre nichts geschehen.
Ein solcher Boykott undenkbar.
Beim Theater wäre es technisch unter gewissen Umständen möglich.
Bei den Büchern undenkbar.

Kein Buch aus diesem Verlag dürfte mehr verkauft werden.
Damit wären ja nur die Autoren gestraft.

[16]

Der Diebstahl an einem Autor ist eben immer nur ein Antragsdelikt.

Es müsste so weit kommen, daß auch hier die Gerechtigkeit so automatisch einsetzt, wie sie es dem Dieb eines Apfels gegenüber tut.

Wie kann man es dahin bringen?

Wieder hört man: Organisation.

Organisation ist erst einer der letzten Schritte auf dem Wege, der zu beschreiten ist.

Klärung des Begriffs: Geistiges Eigentum. Damit hätte es zu beginnen.

Tiefe Gründe, daß darin nicht nur solche Unklarheit besteht, daß sogar ein Widerstand herrscht diesen Begriff zu klären innerhalb aller Verfassungen (wie der Aufstieg des Sozialismus lehrt, dessen Feindseligkeit gegen geistige Arbeit ihm vorher selbst gar nicht so bewusst war).

Das Verbrechen des Marxismus.

[17]

Antwort auf die Frage des Völkerbund

Schon vor dem Krieg geringer Respekt vor geistigem Eigentum. Kaum der Begriff dafür vorhanden.

Jetzt schlimmer in Hinsicht auf alles Eigentum, um wieviel schlimmer in Hinsicht auf das geistige.

Diese Auffassung wird ja leider von einer Seite unterstützt, wo man anderes hätte erwarten sollen.

Überdies der staatliche gesetzliche Schutz des geistigen Eigentums war jederzeit sehr fragwürdig.

Das Urheberrecht bedarf der Reform.

Die Einnahmen der Autoren nicht im gleichen Mass gesteigert wie die der Direktoren und Verleger.

Die Erhöhung kommt der Geldentwertung nicht nach.

Die Bücherpreise auf ein Vielfaches gestiegen, der Anteil des Autors ein geringerer.

Früher beispielsweise der Prozentsatz 25, 20, jetzt auf 15–10 herunter. Dazu kommt, daß die Nachzahlungen verspätet oder gar nicht erfolgen.

Das Ausland nützt überdies die *Valutaverhältnisse* in einer nicht vornehmen Weise aus.

Der Ton mancher Briefe, wir haben ja keine Pflicht dir zu zahlen, aber wir geben dir ein Almosen.

Man wird darauf aufmerksam gemacht, daß ein holländischer Gulden, ein Dollar so und so viel Kronen wert sei.

Die Bücherkäufe sind im Ganzen heruntergegangen.

Der Theaterbesuch heruntergegangen. In keinem Falle entsprechen die Tantiemen der Goldparität.

Zeitungshonorare

Auch die Zeitungen folgen der Parität nicht.

Hier gibt es Schandhonarare.

Oft hört man die Frage: Warum schützt sich der Autor nicht durch eine *Organisation*?

Es gibt Organisationen, sie sind machtlos, werden weder durch die Gesetze, noch durch Einsicht von Seiten des Publikums, noch durch Vornehmheit der Unternehmer unterstützt.

Es gibt keine *Streikmöglichkeit.* Ein Boykott eines Theaters, eines Verlegers ist praktisch einfach nicht durchführbar.

Auf keinem Gebiet gibt es so viele Dilettanten und die sind ihrer Natur nach die geborenen Streikbrecher,

Nirgends ein solches *Unterbieten*, das natürlich entschuldbar ist durch die Not des Einzelnen und das von den Unternehmern ausgenützt wird.

Das *Bedürfnis nach geistigen Werten* naturgemäss ein geringes. Auch hier richtet sich der Handel nach dem Gesetz von Angebot und Nachfrage. Auf den Luxus eines Theaterbesuches eines Buchs kann jeder verzichten, gegenüber dem Künstler fängt das Sparen zuerst an. Was der Völkerbund machen könnte ist folgendes: Eine internationale Schriftstellervereinigung anregen, die mit möglichster Beschleunigung eine *Reform des internatonalen Urheberrechtes* durchzuführen imstande wäre.

Das Interesse der Regierungen hierfür wachrufen.

Dass ein solches Interesse durch ethische Motive allein rege gemacht werden könnte ist unwahrscheinlich.

Es müsste eine Möglichkeit gefunden werden, das Erträgnis der geistigen Arbeit des Einzelnen ökonomisch auch für den Staat nutzbarer zu machen.

Es müsste auch das Interesse der Bevölkerung, des grossen Publikums auf die Idee geleitet werden.

Das ist nur auf dem Wege möglich, daß ein Teil der Honorare, die dem Schriftsteller durch diese Reform zufliessen würden, einer grossen internationalen Wohltätigkeitsaktion zugute käme.

Es müssten sofort alle das geistige Eigentum beschränkenden Gesetze zum mindesten für die Lebensdauer des betreffenden Schriftstellers besser natürlich auf 30–50 Jahre hinaus aufgehoben werden, das geistige Eigentum müsste solchen Schutz geniessen wie jedes andere Eigentum.

Man vergesse nicht, dass von dieser vollkommenen Schutzlosigkeit des geistigen Eigentums nicht im geringsten die Bevölkerung und das Publikum profitiert, sondern ausschliesslich der Unternehmer. An dem Werk, von dem der Schriftsteller absolut nichts mehr hat, bereichert sich der Verleger und der Theaterdirektor.

Jedes Land hat andere Urheberrechtsgesetze. Langjährige Erfahrungen zeigen mir, daß auch die tüchtigsten Advokaten sich darin nicht auskennen und daß selbst Fälle, wo ein Schutz gesetzmässig gewährleistet werde, der Schutz des Autors an seiner Unkenntnis des Gesetzes und an der Unmöglichkeit scheitert im Auslande Prozesse zu führen.

Alles das kann sich nicht ändern, ehe ein *einfaches und klares Urheberrecht* existiert das das geistige Eigentum eben als Eigentum erklärt und den Veruntreuer und Dieb am geistigen Eigentum genau so gesellschaftlich ächtet und juristisch bestraft, wie es bei anderen Eigentumsdelikten der Fall ist.

Resolutionen, Appelle an die Anständigkeit einzelner Verleger etc. werden nicht das Geringste ändern.

Urheberrecht, allgemeineres:

Eine Autorisation wird vergeben, nicht ausgenützt, eine andere Chance meldet sich, plötzlich ist der erste Bewerber wieder da.

Eine autorisierte Übersetzung wird ein paar Mal gegeben. Misserfolg eventuell wegen der Übersetzung, Nichtiges oder lächerliches Honorar. Neue Übersetzung soll gemacht werden. Schwierigkeiten von Seite des ersten Übersetzers.

Urheberrecht und geistiges Eigentum

Keine Abhandlung, nur kleine Erlebnisse, Folgerungen, vielleicht Vorschläge.

Es handelt sich hier nicht um das geistige Eigentum als Kunstwerk, sondern als Ware. Selbst wenn [die] Leute finden sollten, der Dichter sei mit der Freude des Schaffens genügend belohnt, oder es sei eines Künstlers nicht würdig sich mit materiellen Dingen zu befassen oder die Not sei gar etwas Günstiges für ihn – sie werden mindestens begreifen, daß der Ertrag seiner Schöpfungen, wenn schon nicht dem Künstler, doch auch nicht dem Zwischenhändler, dem Unternehmer, dem Kaufmann, sondern doch dem öffentlichen Wohl zugute kommen müsste.

Man bedenke, erst der Künstler macht durch seine Arbeit denen, die von ihm leben, den Erwerb überhaupt möglich.

Urheberrecht

Durch Gesetze und Verträge ist der Künstler nur scheinbar gesichert.

Die Gesetze sind nicht streng, nicht klar genug, die Verträge lassen Lücken und sind einseitig.

Die Verfehlungen, *der Betrug* liegt in allen Dingen des geistigen Eigentums weniger klar zutage als in rein materiellen Dingen.

Das Publikum wird eher begreifen, daß einer der ein Buch aus einem Laden stiehlt, eingesperrt wird, als der Verleger, der dieses Buch gedruckt und den Autor nicht bezahlt hat.

Der Mann, der das Buch aus dem Laden stiehlt, klagt der Staat [sic].

Der Autor muss sich sein Recht selbst verschaffen.

Diebstahl des geistigen Eigentums ist stets nur ein Antragsdelikt. Der stehlende und betrügende Verleger, Unternehmer, Theaterdirektor bleibt immer noch ein unbescholtener Mensch, selbst wenn er zivilgerechtlich zur Zahlung verurteilt wird.

Urheberrecht, spezielles:
  Affaire Reigen Brown-Glaser, Amerika.[60]
  Seltzer-Bernstein. Die Toten schweigen.[61]
  Liebelei, Amerika Kauser: I am not a Don Quichote.[62]

---

[60] In 1920, the New York publisher Nicholas L. Brown was supposed to send Schnitzler a check in the amount of $ 50 and in 1922 an additional one for $ 37.50, both royalty earnings due Schnitzler for the 1500 copies of *Reigen* which Brown had produced (Hands Round. A Cycle of Ten Dialogues. Trans. by L. D. Edwards and F. L. Glaser. New York 1920, privately Printed for Subscribers). Schnitzler never received this money. Additionally, at the end of 1922, Brown had offered Schnitzler $ 100 for the production rights to *Reigen*, which, as he told Schnitzler, was being mailed to him. Schnitzler never received the check and also never granted those rights to Brown.

[61] In July of 1919 Seltzer had begun his publishing firm. Prior to this, he did much freelance work, which consisted mainly in translations of Russian, German and Polish literature. However, without authorization from Schnitzler, Seltzer sold Schnitzler's 1897 short tale *Die Toten schweigen* (*The Dead are Silent*) to the American *Metropolitan Magazine* which, in July 1916, published it. Years later, in 1924, Schnitzler learned about this transaction from an unidentified friend. Even though Schnitzler sought the royalty money rightfully due him, Seltzer never sent him what he was legally and morally owed.

[62] Schnitzler's *Liebelei,* which first appeared in Vienna in October 9, 1895, was among his works to appear on American stages without his authorization. In this instance Schnitzler's *Liebelei,* under the title *Flirtation,* was produced in February 1905 by the *Progressive Stage Society*; it was the first of Schnitzler's works to appear on a United States stage. On February 12, 1907, *Liebelei* was also staged in New York under the title *The Reckoning,* at the Berkeley Lyceum Theatre, directed by Robert Hunter. Beginning on January 13, 1908, twenty-four productions of the play were produced at the *Madison Square Theatre* in New York. Later production titles of *Liebelei* in the United States were entitled *Light-o'-Love* and *Playing with Love.* From 1907 until 1912, Alice Kauser (1872–1945) functioned as a literary agent for the S. Fischer Verlag on Broadway in New York. Her responsibilities included looking after Schnitzler's works in America, which implied the attempt to popularize the works of Schnitzler and other S. Fischer Verlag authors (such as Gerhart Hauptmann). She was also supposed to help safeguard his literary rights (as Schnitzler mentioned in a letter of April 17, 1907 to Samuel Fischer; on April 24, 1907 Fischer wrote to Schnitzler in an attempt to clarify the situation. See Fischer's letter in: Samuel Fischer / Hedwig Fischer: Briefwechsel mit Autoren. Hg. von Dierk Rodewald und Corinna Fiedler. Frankfurt a. M.: Fischer 1989, esp. p. 69) and take care of issues such as Schnitzler's objection to one of the actresses, Katherine Grey (1873–1950), whom he considered unfit to play the role of Christine in *Liebelei*. In 1912, Alice Kauser succeeded in arranging the production of Schnitzler's *Anatol* in eight American cities. It premiered in New York at the *Little Theater* on October 14, 1912 (directed by Winthrop Ames) and ran for seventy-two performances. It adhered to the translation of Harley Granville-Barker. However, Schnitzler received no royalties for these productions. Alice Kauser, though, received $ 15 per performance, whereas *Anatol* as well as other works of Schnitzler which ten years after their original appearance had not been translated were considered free to the public.

Aufführungen am Jiddischen Theater, keine Antwort der Direktoren.[63]
Jüdische Übersetzung des ›Weg ins Freie‹ in der südamerikanischen jüdi-
schen Presse.
Keinerlei Antwort.
Lambri und die italienischen Einakter.[64]
Der Reigen in Italien. (Gurewicz.)[65]
Nordiskfilm Liebelei.[66]

Erklärung.
Immer wieder wird mir aus Amerika berichtet, daß sich dort Leute als zum
Abschluss über eines meiner Werke berechtigt oder gar als meine Generalbe-
vollmächtigten ausgeben, denen ich Vollmachten solcher Art niemals erteilt
habe. Sowohl den Verlegern, Redakteuren, Theaterdirektoren, insbesondere
aber mir selbst sind daraus schon manche Unannehmlichkeiten und Schädigun-
gen erwachsen. Und damit solche in Hinkunft vermieden werden, richte ich an

---

[63] Possibly reference to Nathan Birnbaum (1864–1937), pseudo Panta rhei (from Greek
»alles fließt«) who, in 1910, together with attorney Max Diamant, founded the *Verein jüdisches Theater* in Czernowitz, a city in the Ukraine on the Prut river; formerly under Polish, Austro-Hungarian and Romanian rule; 1947–1991 part of the former Soviet Union.

[64] Professor Arturo Lambri (1857–?), Italian translator, whom Schnitzler apparently met
in Vienna on May 27, 1899. Among the works by Schnitzler which Prof. Lambri translated were *Paracelsus, Die letzten Masken* and *Literatur.* One of the difficulties
Schnitzler experienced with Lambri was (as Schnitzler recorded in his diary in October
1903) that the translator had no intentions to offer royalties for translations of *Der
grüne Kakadu* and one of his narrative works which were included in Lambri's *Nuova*
anthology. Schnitzler last mentions Lambri in his diary on April 10, 1906.

[65] The translator Boris Gurevich (who was Russian) met with Schnitzler on September 15
and 17, 1921 and asked for permission to translate *Reigen* into Italian. Although
Schnitzler did not grant permission, Gurevich published a translation in Rome in 1926.
According to a letter of November 16, 1927 to his daughter Lilli, Schnitzler regarded
this translation as »very poor«.

[66] Refers to Schnitzler's interaction with Karl-Ludwig Schröder (?–1940), a film agent
and representative of the Berlin office of the Danish Firm *Nordisk Films Kompagni.* In
February 1913 Schnitzler explained to Schröder what could and what could not be al-
tered from his drama *Liebelei*, which the Danish firm intended to make into a silent
film entitled *Elskovsleg*, under the direction of Holger Madsen (1878–1943). Two
months later Schnitzler wrote to Schröder that he had no intentions of negotiating any
changes from his original demands. Nevertheless, *Elskovsleg* played in Kopenhagen on
January 22, 1914. After much discussion with Schnitzler, the same film company re-
filmed *Liebelei* in 1926 and 1927 under the direction of Jakob and Luise Fleck. It
played in Berlin on March 14, 1927. In a letter of November 14, 1930 to his friend
Clara Katharina Pollaczek, Schnitzler mentioned another attempt by Schröder to film
Liebelei. This time it was to be under the direction and production of Richard Oswald
(1880–1963). Once again, Schröder wished to discuss the making of a silent film of
Liebelei, but Schnitzler felt that, without certain changes, Schröder's terms were unfeasible. Again, Schröder failed, since the first silent film of *Liebelei* appeared in 1933
under the direction of the German film producer Max Ophüls (1902–1957).

alle Interessenten in Amerika das dringende Ersuchen von Leuten, die mit ihnen in meinem Namen über irgend eines meiner Werke zu verhandeln oder abzuschliessen wünschen, den Vorweis einer von mir ausgestellten schriftlichen, auf den speziellen Fall bezüglichen Ermächtigung zu verlangen, ehe sie eine weitere geschäftliche Verbindung mit ihnen eingehen.

Eine solche Mahnung erscheint mir umso dringender geboten, als ja der Respekt vor dem geistigen Eigentum oder auch nur der richtige Begriff davon nicht nur im grossen Publikum, sondern auch in den Kreisen, die mit Kunst und Literatur beruflich und geschäftlich zu tun haben, im Ganzen nur mässig entwickelt ist und dass die bestehenden urheberrechtlichen Gesetze und Verordnungen in sämtlichen Ländern, nicht nur in Amerika, keineswegs ausreichen, um Missverständnissen oder selbst Missbräuchen auf diesem Gebiet wirksam zu begegnen. Es wird hoffentlich einmal eine Zeit kommen, in der für Werke der Kunst und Literatur spezielle Gesetze nicht mehr notwendig sein und sich das geistige Eigentum von Seiten des Staates des gleichen Schutzes erfreuen wird, wie jeder andere Besitz. Ich für meinen Teil und viele logisch denkende Menschen mit mir sind schon heute so weit, dass sie Handlungen und Unterlassungen, die geeignet sind jemanden um den Nutzgenuss seiner Arbeit zu verkürzen oder zu betrügen auch in solchen Fällen für unkorrekt halten, die im Sinne der Gesetze, gerichtlicher Verantwortung oder Bestrafung heute noch nicht unterliegen und dass der völlige Mangel an Risiko dessen sich die Schuldigen erfreuen, oder mindestens bewusst sein dürfen, keineswegs dazu beiträgt, unsere Hochschätzung für sie zu steigern.

Das hier flüchtig berührte Problem des Urheberrechts ist im übrigen allzu kompliziert, als dass ich es innerhalb dieser nur als persönlich intendierten Erklärung im weiteren Ausmasse aufrollen könnte und dürfte, ich will für heute nur noch so viel andeuten, dass dieses Problem meines Erachtens nur auf internationalem Wege zu behandeln und zu lösen sein dürfte und dass man wahrscheinlich nur dann hoffen dürfte die Parlamente, die Regierungen, die Allgemeinheit dafür zu interessieren, wenn ein nicht unerheblicher Perzentsatz [sic] der aus übersetzten Werken stammenden Einkünfte (am denen die Originalautoren bisher nur im geringsten Mass oder gar nicht beteiligt sind oder waren) unter einer staatlich gewährleisteten Kontrolle einem wohltätigen Zwecke zuflössen. Die Weiterführung dieser Idee sei einem organisatorischen Begabung [sic] überlassen. Es wird mich freuen wenn von meiner Erklärung, für deren freundliche Aufnahme in Ihre geschätzte Zeitschrift ich Ihnen verbindlichst danke, auch andere Zeitungen in Ihrem Lande Notiz nehmen würden.

Mit besonderer Hochschätzung
Ihr sehr ergebener
[Arthur Schnitzler]

Shimon Levy

Von Schnitzler bis Turrini

Meilensteine auf dem Weg des österreichischen Theaters in Israel

Verglichen mit dem europäischen, ist das hebräische Theater noch jung: vor 85 Jahren erst stieg in Moskau die Premiere der ersten beruflichen hebräischen Theaterproduktion.[1] Bis ins 20. Jahrhundert existierte im Judentum sozusagen keine Theatertradition. Das hebräische Theater entstand in Verbindung mit dem Verweltlichungsprozeß des jüdischen Volkes, mit dem Aufkommen des praktischen Zionismus und der jüdischen Immigration nach Palästina, vor allem aber in Verbindung mit der Wiederbelebung der hebräischen Sprache in den letzten hundert Jahren.[2] Obwohl sich Juden durch die Jahrhunderte in verschiedenen Theaterdomänen betätigten, wurde dies vom traditionell-religiösen Gesichtspunkt aus verurteilt. Die Bibel warnt: »Du sollst Dir kein Bildnis machen.« (Exodus 20,4). Interessanterweise bedeutet das hebräische Wort *Bama* ›Bühne‹ *und* ›Altar‹ – ein Indiz dafür, daß Kunst und religiöse Zeremonie eng verbunden sind durch das Ritual.[3] Doch der Gott der Israeliten gilt als eifersüchtiger Gott, der keine künstlerische Abwege seiner Gläubigen toleriert. Obwohl das Judentum mehr als 3.000 Jahre alt ist, wurde das erste uns bekannte hebräische Schauspiel erst um 1550 geschrieben, von Leone di Sommi, dem jüdisch-italienischen Dramatiker und äußerst originellen Theoretiker und Direktor. Er schloß die Lücke zwischen der Kultur seines jüdischen Ursprungs einerseits und der Tradition der italienischen *Commedia Erudita*.[4]

Mit der Entwicklung der Aufklärung im 18. und der jüdischen Emanzipation in Europa im 19. Jahrhundert wurde das weltliche Theater in die jüdischen Gemeinden eingeführt, hauptsächlich durch Übersetzungen oder Bearbeitungen von klassischen Stücken ins Hebräische. Originalwerke des hebräischen Theaters blieben zahlenmäßig weit hinter dem jiddischen Theater und den Übersetzungen des weltlichen Theaters zurück. Das hebräische Theaters litt außerdem an einer Überdosis von Allegorik und Didaktik. Das erste

---

[1]   Shimon Levy / Corina Shoef: Der israelische Theaterkanon [hebr.]. Tel Aviv: Ha-Kibbutz Hamiuchad 2002, S. 10.

[2]   Hanna Scolnikov: On Hebrew Theater. In: The Cambridge Guide to World Theater. Cambridge University Press 1990, S. 439f.

[3]   Shimon Levy: Der Altar und die Bühne [hebr.]. Tel Aviv: Or'Am 1992, S. 170–180.

[4]   Leone de Sommi and the Performing Arts. Ed. by Ahuva Belkin. Tel Aviv University 1997 (Assaph Book Series), S. 2.

hebräische Berufstheater, *Habimah* (›Die Bühne‹) wurde 1917 in Moskau gegründet.[5]

Das Repertoire des hebräischen Theaters wurde von den zwanziger bis in die vierziger Jahre Gegenstand intensiver Diskussion von Seiten israelischer Schriftsteller, Politiker und Intellektueller. Dies ist indikativ für die Seriosität und Aktualität künstlerischer Produktion, welche sich in politisch weniger problematischen Gegenden vorwiegend auf Unterhaltung konzentriert. Dominante Themen in den hebräischen Schauspielen jener Jahre sind jüdische Geschichte und die Pionieraktivitäten. Sie beschreiben die psychischen und physischen Schwierigkeiten und Bedrängnisse der Neuankömmlinge, welche – nach einer damals geläufigen Wendung – »bauen und aufgebaut werden« im Verlauf des Aufbauprozesses des Landes Israel.[6]

Mit der Gründung des Staates Israel (1948) wurde das hebräische zum israelischen Theater. In den fünfziger Jahren behandelten bedeutende Theaterproduktionen die Kluft zwischen den ideologischen Träumen vor der Staatsgründung (1948) und der darauffolgenden unausweichlichen Desillusion. Schauspiele von Samuel Beckett und Eugène Ionesco wurden auf die israelische Szene transponiert, den veränderten Umständen entsprechend umgearbeitet und aufgeführt. Seit der Staatsgründung beschäftigt sich das israelische Theater außerdem häufig mit Identitätsproblemen: wer sind die hebräisch sprechenden jüdischen Israelis, eingewandert aus mehr als hundert Ländern, verschiedenen Kulturen entstammend und etwa siebzig verschiedene Sprachen sprechend? Begreiflicherweise haben der Holocaust als jüdisches Trauma und der Unabhängigkeitskrieg nur drei Jahre nach Ende des Holocaust das israelische Theater tief geprägt.[7] Weitere Kriege seit 1948 sowie die gespannten Beziehungen Israels mit seinen Nachbarn bilden häufige Themen im israelischen Theater.[8]

Bühnenwerke aus Österreich wurden in *Eretz Israel*[9] wenig aufgeführt und werden auch heute noch selten in Israel zur Aufführung gebracht. Gewöhnlich geschieht dies nur mit österreichischen Schauspielen jüdischen Inhalts. Wer sich mit den Werken österreichischer – zum Teil jüdischer – Autoren befaßt, die auf den Bühnen des hebräischen Theaters – vor allem des Repertoiretheaters – gezeigt werden, sieht diesen Zusammenhang deutlich.

Als erstes österreichisches Stück wurde im Dezember 1925 *Jaákobs Traum* (1918) von Richard Beer-Hofmann im *Habima*-Theater aufgeführt. Nicht nur

---

5   Mendel Kohanski: Das hebräische Theater [hebr.]. Israel University Press 1969, S. 19. Emanuel Levi: Das Nationaltheater *Habimah* [hebr.]. Tel Aviv: Eked 1981, S. 17.

6   Zum Pionierdrama, siehe Gideon Ofrat: Erde, Mensch, Blut [hebr]. Tel Aviv: Cherikover 1980, S. 19–24.

7   Ben Ami Feingold: Der Holocaust im hebräischen Drama [hebr.]. Tel Aviv: Hakibbutz Hamiuchad 1989, S. 53.

8   Dan Urian: Der Araber im israelischen Theater [hebr.]. Tel Aviv: Or'Am, 1990, S. 9ff.

9   Palästina oder das biblische »Land Israel« vor der Staatsgründung 1948.

der Autor war jüdisch, auch das Schauspiel selbst drückte jüdische Anliegen aus. Es war ein Stück, das »uns in die frühen Tagen unserer Existenz zurück transponierte, wo uns unser Volk in seiner ursprünglichen Form erscheint. Und die Helden – Kinder der Erde – auch sie sind hier argloser und naiver Art, ursprünglich, stark und wild ...«[10] Der Grund zur Wahl dieses Stückes liegt ohne Zweifel darin, daß dem biblischen Schauspiel jüdisch-österreichischer Herkunft der Sieg des Geistes über die Materie beigemessen wurde. Tatsächlich paßte das Werk vorzüglich zu den ansiedlerischen, geo-kulturellen Bestrebungen der Kritiker und des Publikums, welche einem realen Raum anhand des dramatischen und gestalteten Raums dieser mystisch-nationalen Aufführung einen erfundenen Raum aufzwingen – nicht allzu lange vor der Machtübernahme durch die Nationalsozialisten, und noch in einer Zeit, in der es auch den Juden erlaubt war, nationalistische Anschauungen zu hegen. Der Kritiker Ribolov war sehr von Esau beeindruckt, der »als prähistorisches Wesen gestaltet war, das aus den Wäldern der Ewigkeit zu uns kommt. Und nicht mit Hass und Verachtung zu diesem Jagdhelden füllt sich das Herz, sondern mit Mitleid und Weichheit, mit Liebe und Vergeben.«[11] Die Auseinandersetzung zwischen dem weichen, geistigen Jaákob und dem rohen, urtümlichen Helden Esau drückt meiner Ansicht nach die Auseinandersetzung zwischen dem Juden des alten Europa und dem neuen Israeli aus, etwa in der Art des romantischen Kain von Byron. Dabei bleibt unentschieden, wem die Zuneigung des Autors und wem die Zuneigung des Kritikers und des Publikums gilt.

Jeremias (1917) von Stefan Zweig wurde im März 1934 vom *Ohel*-Theater aufgeführt,[12] und der Kritiker Avigdor Hameiri betont, »daß es viel gefährlicher ist, Gottes Stimme auf Hebräisch ertönen zu lassen als in jeder anderen Sprache [...]. Der Gott der Hebräer, der keine Körpergestalt hat – versuche nicht, ihn in einen Körper zu kleiden!«[13] Hameiri lobt die Aufführung, die ein weiteres Glied darstelle in einer Reihe von Versuchen des hebräischen Theaters im allgemeinen und insbesondere des *Ohel*, biblische Schauspiele auf die Bühne zu bringen, die als künstlerische Brücke zwischen dem mythischen und dem geographischen Raum von *Eretz Israel* dienen sollten. Die Auseinandersetzung zwischen König Zedekia und dem Propheten Jeremias kurz vor der Zerstörung des Tempels wird vom Kritiker mit dem Erleben der Erneuerung

---

[10] *Hadoar*, Nr. 11, ohne Datum. The Israeli Documentation Center for Performing Arts, Theater Arts Department, Faculty of the Arts, Tel Aviv University, Produktionsakte (im Folgenden abgekürzt TUP), Portfolio »Jaákobs Traum«. Diese (aus dem Hebräischen übersetzte) Kritik von Menachem Ribolov bezieht sich auf die Produktion, die während der Tournee des *Habima*-Theaters in New York am *Cosmopolitan* Theatre aufgeführt wurde.

[11] Ebd.

[12] Die Geschichte des *Ohel* Theaters [hebr.]. Hg. von Yehuda Gabai. Histradrut: Cultural and Education Department 1983, S. 143.

[13] TUP, Portfolio »Jeremias« (alle zitierten Kritiken sind aus dem Hebräischen übersetzt).

von *Eretz Israel* kontrastiert. Auf dem Hintergrund der Erneuerung allein könne die Zerstörung als eine Tatsache der Vergangenheit dargestellt werden. Die
Zukunft, so wird angedeutet, berge nur Positives. Über Stefan Zweig und Österreich, den realen Hintergrund und die reale Kultur, in denen das Schauspiel
entstanden war, wurde in den hebräischen Kritiken kaum etwas gesagt. Die
kritische Stellungnahme bezog sich vor allem auf den jüdischen, biblischen
Aspekt und auf die kulturelle Rezeption Jeremias', der sozusagen zu seinem
Ursprung zurückgekehrt sei (*Volpone* von Zweig, ein Schauspiel ohne jüdische
Inhalte, wurde im Mai 1931 vom *Ohel* aufgeführt).

Im März 1942 führte das *Habima*-Theater *Das Konzert* auf, eine Komödie
in drei Akten von Hermann Bahr. In einer Rezension[14] werden Stefan Zweigs
Verse zitiert: »Nur geschaut – und schon habe ich die Grenzen durchbrochen.
Die gesamte Welt war mein! Ein warmes Beben schwemmte mit hundert
Strömen durch mein Blut und ergoß sich in mein weites Herz.« In diesen Ver-
sen, so meint der Kritiker M. B. (= Max Brod?)[15] »drückt sich voll und ganz
das Lebensgefühl jener Gruppe aus, die ›das junge Wien‹ genannt wurde und
die gemeinsam mit einem Kreis von Malern und Bildhauern auch an der Publikation der *Secession* und des *Ver sacrum* (›Der heilige Frühling‹, redigiert
von Gustav Klimt) beteiligt war.« Ein Optimismus und der Glaube an die Welt
und die Natur zeige sich in dieser Gruppe, der auch Hermann Bahr angehörte,
ein Freund Theodor Herzls, Arthur Schnitzlers, Jakob Wassermanns und anderen, ein »Vorbote der Modernisten und ein Kämpfer für sie. Bekannt und berühmt für seine Wanderungen – auch zwischen den Ideen und im Geiste. Als
junger Gymnasiast deutsch-national, antisemitisch eingestellt; als junger Mann
– Sozialdemokrat, und später – Ästhet, Naturalist und den Naturalismus über-
windend; und zum Schluß – ein frommer Geistlicher im Sinne der katholischen
Kirche. Immer ›anders‹ – und stets in festem Glauben und größter Hinge-
bung.« M. B. bemerkt in seiner Abhandlung ironisch:

> All jene, die meinen, jeder Deutsch Schreibende in diesen letzten Jahrzehnten sei
> Jude – sollte man besonders darauf hinweisen, daß Bahr von arischer Abstammung
> ist, ein Bauerssohn aus den Alpen.

M. Bs Kritik enthält eine seltene Äußerung zum österreichischen Wesen des
Autors, seines Werkes und seiner Lebensweise:

> Eine vollkommene Übereinstimmung mit dem Geist des alten Österreichs, über das
> gesagt wurde, daß nichts in ihm von Beständigkeit war, nichts, was über das Zufälli-
> ge, Provisorische hinausging – und so ließ man die Dinge dort ihren Lauf gehen.«

Interessanterweise ist dies die einzige – und versteckte – Bemerkung über die
Aufführung einer österreichischen Komödie, deren Handlung keinerlei themati-
sche Verbindung zum Judentum oder zu Juden aufwies – im Jahre 1942.

---

[14] Ebd., Portfolio »Das Konzert«.
[15] Max Brod war ab 1939 Dramaturg am Theater *Habima* und Theaterkritiker.

Im April 1947 zeigte das junge *Cameri*-Theater *Jakobowsky und der Oberst* (1942) von Franz Werfel. Die Motivation für die Auswahl ist leicht verständlich: Ein jüdischer Autor schreibt für ein jüdisches Publikum über die Judenverfolgung. Doch blieb ein Befremden hinsichtlich der Diskrepanz zwischen der milden Botschaft des Stückes und den grauenhaften bekannt gewordenen Tatsachen, die im Jahre 1947 noch besonders frisch und schmerzhaft waren. Esra Susman schreibt hierzu, Werfel habe den Stil der leichten Komödie gewählt, um von einem polnischen antisemitischen Offizier und einem jüdischen Flüchtling, einem Überlebenskünstler, zu erzählen; im Grunde handle es sich um eine Tragikkomödie, bei der Susman sogar Anzeichen von metapysischem Hunger findet:

> Dieser Held hat etwas vom Heldentum des Charlie Chaplin, der möglicherweise bis zur Gaskammer seine philosophische Vitalität und die optimistische Verzweiflung des gejagten kleinen Mannes bewahrt. (*Davar*, 19. April 1949)

Über *Solon in Lydia* von Theodor Herzl, im Mai 1949 vom *Ohel*-Theater aufgeführt, wurde viel geschrieben: in distanziertem Ton, was die Bedeutung des Schauspiels und Herzls Talent als Stückeschreiber betrifft (der, wie festgestellt wird, 16 Bühnenstücke verfaßt habe), doch voller Enthusiasmus über die Aufführung, obwohl dies eher die allgemeine Verehrung für den Vordenker des Zionismus demonstrierte. Die meisten Kritiker interpretierten das märchenhafte Gleichnis im »lokalen«, jüdischen Sinn. Feuerstein (*Hazophe*) meint, daß es sich bei dem Stück um einen auf die Bühne gebrachten Abschnitt aus dem Leben des jüdischen Staates handle.[16] Gamzo (*Haaretz*) analysiert den Konflikt zwischen dem klugen Solon und dem Künstler und Träumer Eukosmos und fragt, auf wessen Seite sich Herzl selbst stelle.[17] Anscheinend neigte Herzl dem Künstler zu, doch stimmte er der Ansicht zu, soziale Gerechtigkeit sollte nicht durch Philanthropie ersetzt werden. Neimann (*Davar Hashavua* 21) hatte den Eindruck: »Eine edle Anstrengung [...] Die Anwesenden waren hingerissen, ja es wurde eine ehrfürchtige Stimmung erzeugt. Man hatte den Eindruck, sich in einer Synagoge zu befinden.«[18] Neimann bezweifelt Herzls Genialität im Bereich des Dramas. »Seine Freunde Arthur Schnitzler und Hermann Bahr sind ihm überlegen.« Neimann nimmt die kulturelle Kluft zwischen Wien und *Eretz Israel*, zwischen dem Schauspiel, seiner Aussage und der zu erwartenden Rezeption nur zu gut wahr. Eine infolge von Sattheit ausbrechende Revolte passe zu Wien, nicht zum Arbeitertheater *Ohel*. Während Herzl in vornehmer, salonfähiger, eleganter Tradition schrieb, trügen wir Hemden anstelle von Footkleidern. »Wir verlegen die prächtigen Worte und versuchen, ihren Sinn zu verstehen [...]. Hauptsache, wir erkennen das Gesicht des im Ebenbild Gottes erschaffenen Menschen, des lebendigen Menschen.« Trotzdem erteilt der Kri-

---

[16] TUP, Portfolio »Solon in Lydia«, kein Datum.
[17] Ebd.
[18] Ebd.

tiker der Aufführung Lob: »Wir haben entdeckt, daß im hebräischen Theater eine Atmosphäre von Poesie und Vornehmheit möglich ist.« Selbstverständlich war der Grund für die Aufführung des Werkes nicht allein das Thema des Schauspiels, sondern vor allem sein Verfasser, der Vordenker des Staates und Verwirklicher des Zionismus. Trotz der Diskrepanz zwischen dem Inhalt des Stückes (das Versprechen, kostenloses Brot zu beschaffen, kostete das Leben des Erfinders einer solches Brot produzierenden Maschine!) – und dem Publikum hatte das Tel-Aviver Arbeiterpublikum möglicherweise gerade an der vornehmen, vielleicht sogar eskapistischen Atmosphäre seinen Spaß.

In *Solon in Lydia* kommt die Auseinandersetzung zwischen dem zionistischen Reformer und den Anhängern der Philanthropie zum Ausdruck. Sollte gerade Armut die Fähigkeit zum Handeln und den Erfindergeist wecken, wie Solon behauptet; oder gibt es – so Eukosmos –, ein Maß der Armut, das Schande bringt, während die Erfüllung von Bedürfnissen zu Schönheit, Freiheit und Liebe führt? Esra Susman befaßt sich in seiner Kritik vor allem mit dem ideologischen Aspekt und schlägt vor, auf »den Kampf zwischen den Ideen und Gefühlen zu horchen, der dem Schöpfer des hebräischen Staates in Stunden der Niedergeschlagenheit eine Art Zuflucht bot«.[19] D. B. Malkin (*Al Hamishmar*) betont in seiner Besprechung von *Solon in Lydia* – ein Stück über die Idealisierung der Arbeit anläßlich der Revolte eines Getreidehändlers, vom Arbeitertheater in *Eretz Israel* auf die Bühne gebracht – die Spannung zwischen dem märchenhaften und eleganten Wesen des Werkes einerseits und der Lebensweise und gewiß auch der sozialistischen Ideologie, die er dem Publikum zuschreibt, andererseits.[20]

Im April 1973 wurde in Israel zum ersten Mal *Publikumsbeschimpfung* von Peter Handke gezeigt, zweifellos eines der wichtigsten Theaterstücke betreffend das Mitwirken des Publikums und das Aufrütteln desselben. Das Stück wurde von Michael Alfreds am *Khan*-Theater gegeben und von Seiten der Kritik mit entsprechender Aufmerksamkeit bedacht. *Publikumsbeschimpfung* wurde später auch vom *Theatron-Hasimta* in Yaffo aufgeführt, wo es keinerlei Aufmerksamkeit auf sich lenkte und auch das Publikum sich nicht betroffen zeigte. Naharin verarbeitete etwa die Hälfte des Textes in seiner Show *Virus Ohad Naharin*, wobei der politische Aspekt im Kontext von Bewegung und Rhythmus besonders hervorstach. Es ist durchaus möglich, daß Handke Verhaltensmodelle des österreichischen Publikums vor Augen hatte, als er dieses revolutionäre und scharfsinnige Stück schrieb, das sich auf tiefgründige Weise mit dem Wesen des Theaters selbst befaßt. Doch gerade die Spannung zwischen dem Lokalen und dem Universellen ist es, die auch den anderen – übrigens nicht zahlreichen – Stücken Handkes in Israel ihre Einzigartigkeit verleiht, wie *Kaspar*, das von Asher Zerfati 1977 am *Zavta* in Tel-Aviv aufgeführt wurde (und danach von David Sinder an der Universität Tel-Aviv). Boaz Evron wür-

---

[19] Ebd.
[20] Ebd.

digte *Kaspar* mit einer gebührenden intellektuellen Reaktion;[21] dagegen stieß das Stück auf kühle Distanzierung von Seiten anderer Kritiker. *Selbstbeschuldigung* von Handke, das 1987 im Rahmen des Akko-Festivals gezeigt wurde, feierte dort große Erfolge.

Die Hochzeit des Figaro in der Bearbeitung Turrinis wurde 1981 vom Theater *Habima* auf die Bühne gebracht; die Reaktion der Kritik war lauwarm bis enttäuscht. Eine relative Blütezeit erlebte das österreichische Theater in den 1980er Jahren am Jerusalemer *Khan*-Theater, als ich dort als Dramaturg tätig war. In relativ kurzer Zeit zeigte das *Khan*-Theater *Das Jubiläum* von George Tabori (1984) – ist er tatsächlich als Österreicher einzuschätzen? –, *Rozzenjagd/Rattenjagd* von Peter Turrini (1987), *Schuldig geboren* (1988) und *Das Abendessen* (1990) von Sichrowski. Die Reaktion der Kritik auf das österreichische Repertoire des *Khan*-Theaters war gemischt. Unter scharfen Beschuß genommen wurde *Das Abendessen* von Sichrowski: Es wurde als ein erneutes uninteressantes Herumwühlen im Thema Holocaust verstanden. Vor allem der Autor wurde angegriffen, aber auch das Theater, das (wieder einmal) dieses abgenutzte Thema gewählt habe. Demgegenüber wurde *Rattenjagd* mehr oder weniger angemessen aufgenommen. Dies beweist meine These, der zufolge sich das jüdische Thema in den hierzulande aufgeführten österreichischen Bühnenwerken entweder irgendwann in den 1980er Jahren erschöpft hatte, oder die ausgewählten Stücke nicht den Erwartungen des Publikums oder der Berufskritiker entsprachen.

Ödön von Horvath hatte in Israel eine relativ kurze, aber intensive Blütezeit: *Glaube, Liebe, Hoffnung* war sein erstes Bühnenstück, das im Oktober 1980 vom Stadttheater Haifa aufgeführt wurde. *Leben und Tod der Elisabeth* in den Jahren der Arbeitslosigkeit in Deutschland wurde hierbei zu einer Show reich an Tänzerinnen, Kabarett, Liedern und Witzen in allen möglichen Sprachen, Anzeichen wohl des Verfalls, der sich der deutschen Gesellschaft bemächtigt hatte. Die Kritiker (Evron, Novak und Yaron beispielsweise) zeigten sich nicht vom Spiel begeistert, fanden aber Gefallen an den Kulissen und der Beleuchtung. Zwei Produktionen wurden am Theater Beer-Sheva gezeigt, *Geschichten aus dem Wiener Wald* im Dezember 1981 und *Don Juan kommt aus dem Krieg* im Februar 1985. Michael Handelsalz verweist auf die Ähnlichkeit zwischen der seinerzeit in Österreich herrschenden Inflation und der Inflation zu Beginn der 1980er Jahre in Israel, denn die Helden Horvaths »leben in der Inflation und durch sie« (*Haaretz*, 13. Dezember 1981). In einem ihrer Artikel weist Chawa Novak auf die österreichische Finanzierung hin, die zur Übersetzung von *Geschichten aus dem Wiener Wald* beitrug, und ignoriert die weiteren Eigenschaften des Stücks oder der Aufführung (*Davar*, 29. November 1981). In einem anderen Artikel lobt sie die Aufführung. Das tut auch Boas Evron, der die Diskrepanz zwischen der Wiener Süßlichkeit und der zunehmenden Gewalttätigkeit im Vorfeld der Machtergreifung durch die Nazis betont. »Hor-

---

21 TUP, Portfolio »Kaspar«.

vath wußte und spürte die Zukunft«, stellt er fest.[22] *Don Juan kommt aus dem Krieg* wurde kurz vor Ende des Libanonkrieges auf die Bühne gebracht, und die Aufführung der Regisseurin Isbitzky stellte anhand der Wiener Bühnenfiktion Verbindungen zur israelischen Realität des Libanonkrieges her. Wieder kommt im Schauspiel das Motiv der Inflation zum Ausdruck, der Inflation von Werten und Geld zugleich, ähnlich der Situation in Israel in den 1980er Jahren. Es entsteht eine zarte und treffende interkulturelle Verbindung zwischen den Schrecken des Krieges und den Tröstungen des Eros, wobei beide mit dem Tod enden. Im großen Ganzen zeigte sich die Kritik begeistert.

Von den zahlreichen ausgezeichneten Bühnenstücken Arthur Schnitzlers, des jüdischen Arztes, Schriftstellers und Bühnenautors, der einem literarischen Kreis angehörte, zu dem sich auch privilegierte und reiche Juden wie Peter Altenberg, Richard Beer-Hofmann, Jakob Julius David und der Vierteljude Hugo von Hofmannsthal zählten, wurden in Israel *Der Reigen* und *Anatol* aufgeführt, sowie *Professor Bernhardi* als Gastproduktion im Rahmen des Israel-Festivals. *Der grüne Kakadu*, auf den ersten Blick ein Stück über die französische Revolution, doch tatsächlich ein komplexes Schauspiel im Schauspiel über den Zusammenhang zwischen Fiktion und Realität, wurde zwar vortrefflich von Izchak Schönberg ins Hebräische übersetzt (*Tarschisch*, 1944), doch nie von einem professionellen Repertoiretheater aufgeführt. Arthur Schnitzler war den gebildeten, Deutsch lesenden *Jekkes*[23] natürlich bekannt. *Der Reigen* wurde für die Aufführung auf der Bühne vor allem gewählt, weil Schnitzler Jude war, des weiteren, weil *Der Reigen* bereits verfilmt war, und drittens, weil das Verfeinerte und das Judentum in der weich-erotischen Interpretation von Peter James zusammenfanden – in der Produktion des *Cameri*-Theaters. Diese wurde von der Kritik jedoch verrissen:

> Was hat sich das *Cameri* dabei gedacht, solch einen Schund auf die Bühne zu bringen? Vielleicht weil man es in London gezeigt hat [...] Das *Cameri*-Theater entblößt hier in aller Pracht seine windelumwickelte Scham: Die zehn Geschlechtsakte wirkten auf mich wie eine laue Dusche [...].   (Amir Orian, *HaIr*, 30. Juli 1982)

Der Reigen wurde auch von Schauspielschulen aufgeführt, wie beispielsweise von Nissan Nativ. Yaakov Shabtai benutzte das Stück als Stoff für eine interessante Bearbeitung in seinem Schauspiel *Im siebten Himmel* (*Barakia Hashvii*), das auf dem Akko-Festival in der Sukkot-Woche 1993 aufgeführt wurde. Eine weitere Bearbeitung *Bereit und gesichert* (*Daruch veNatzur*) von Shimon Levy wurde in der Abteilung für Theater an der Universität Tel-Aviv als eine Serie von Begegnungen zwischen Frauen und Männern im Kontext des Golf-krieges 1992 gezeigt. Ende 2003 wurde eine weitere Variation von Schnitzlers

---

[22] TUP, Portfolio »Geschichten aus dem Wiener Wald«.
[23] Deutschsprechende Juden aus Europa, vor allem Deutschland, Österreich und der Schweiz.

Stück, diesmal aber keine politische, sondern eine die emotionelle Seite betonende, *Kesher Dam* (*Blutknoten*), im *Tmuna* Theater gespielt.

Das den Holocaust thematisierende Stück *Wie eine Träne im Ozean* von Manès Sperber, der im österreichischen Polen geboren wurde, in Wien studiert hatte und nach Paris geflohen war, wurde vom *Habima*-Theater aufgeführt und nicht gut aufgenommen. Gamzo war der Ansicht, daß die Aufführung schlecht und unzusammenhängend sei, und zitierte Dr. Rubin, die Hauptfigur: »Sie sollen nicht glauben, daß die Feinde ihrer Feinde ihre Freunde sind!«[24] Die Aufführung wurde als »unechte Tragödie« empfunden (Varda Tchetchik, *Al Hamishmar*, 30. Januar 1974), als ein gescheiterter Versuch, sich »anhand der Kunst mit dem Holocaust auseinanderzusetzen« (Edith Zarthal, *Davar*, 16. Februar 1974).

Besonders erwähnt werden sollten kleinere Erfolge an Bühnen am Rande des etablierten Theaters und an Bühnen von Schauspielschulen. Hierzu einige Beispiele. Im Juli 1993 brachte Yoram Porat am *Simta*-Theater in Yaffo *Vor dem Ruhestand* zur Aufführung, und das bedeutende Schauspiel von Thomas Bernhard wurde von seiten der Kritik mit gewissem Wohlwollen bedacht. Sein Stück *Der Schein trügt* wurde ins Hebräische übersetzt, doch bisher nicht aufgeführt. *Besuchszeit* von Felix Mitterer wurde von einem Laientheater in Beit Shemesh auf die Bühne gebracht und hatte großen Erfolg – aufgrund der klaren sozialen Inhalte des Werkes und der Übertragungsfähigkeit von Begegnungen zur Besuchszeit – im Gefängnis, im Krankenhaus usw. *Magic Afternoon* von Wolfgang Bauer wurde mehrmals und meist sehr erfolgreich in halbschulischem Rahmen vorgeführt – wohl aufgrund der Parallelen zwischen der Öde, der Gewalttätigkeit und der Verzweiflung junger Menschen sowohl in Israel als auch in Österreich, welche einerseits die materialistische Überfülle verabscheuen, von der sie aber gleichzeitig abhängig sind, und die andererseits Mangel und Not auf seelischem und geistigem Gebiet zutiefst empfinden.

Die Rezeption österreichischer Dramen in Israel basiert auf der Identifikation des auswählenden Theaters, der Theaterkritiker und des Publikums mit Bühnenautoren und Werken, die jüdische Themen, unter andern auch den Holocaust zum Inhalt haben. Tatsächlich sind die meisten österreichischen Autoren, deren Stücke in Israel gespielt wurden, Juden: Stefan Zweig, Theodor Herzl, Tabori (falls man ihn als Österreicher betrachten will), Sichrowski, Franz Werfel, Arthur Schnitzler, Richard Beer-Hofmann, Manès Sperber. Die meisten aufgeführten Stücke (insgesamt nur 25) thematisieren jüdische oder biblische Themen (so z. B. *Jeremias, Jaákobs Traum*); des weiteren Antisemitismus und Holocaust (so *Jakobowsky und der Oberst, Wie eine Träne im Ozean*). Der »lokale« Gesichtspunkt (das Interesse an jüdischen Themen) beeinflußte jeweils sowohl die Wahl des Repertoires als auch die Reaktionen von Publikum und Kritik, wie im Falle der Interpretation von Herzls *Solon in Lydia*, der Stücke Horvaths u. a. Stücke

---

[24] TUP, Portefolio »Wie eine Träne im Ozean«.

ohne unmittelbaren Bezug zu jüdischen Themen wurden aufgrund ihrer relevanten eigenständigen Botschaft übernommen, wie beispielsweise die Stücke Handkes, Bauers und Taboris. In jüngster Zeit wurden vier österreichische Stücke gespielt: *Alpenglühen* und *Grillparzer im Pornoladen* von Turrini und zwei Stücke der österreichischen Autorin Margaret Kreidel.

Autoren des Bandes

Jeffrey B. Berlin
Professor Eremitus für Vergleichende Literaturwissenschaft in Philadelphia, USA. Zahlreiche Artikel über Stefan Zweig, Thomas Mann, Arthur Schnitzler, Arnold Zweig, Richard Beer-Hofmann, Hugo von Hofmannsthal, Franz Werfel, Hermann Broch und Henry Ibsen; Herausgeber von Stefan Zweigs *Briefen in vier Bänden* (Frankfurt a. M.: Fischer 1995–2004).

Sarah Fraiman-Morris
Dozentin für Vergleichende Literaturwissenschaft (Schwerpunkt Germanistik) an der Bar Ilan Universität (Israel). Artikel über deutsch-jüdische Schriftsteller wie Heinrich Heine, Jakob Wassermann, Franz Werfel, Stefan Zweig, Richard Beer-Hofmann und Joseph Roth. Autorin des Buches *Judaism in the Works of Beer-Hofmann and Feuchtwanger* (New York u. a.: Lang 1998).

Mark H. Gelber
Professor für Vergleichende Literaturwissenschaft an der Ben Gurion Universität, Israel. Publikationen über Heine, Börne, Freytag, Franzos, Herzl, Nordau, E. M. Lilien, Thomas Mann, Martin Buber, Max Brod, Stefan Zweig, Joseph Roth, Georg Hermann, Nelly Sachs, Elias Canetti, Jakov Lind. Autor von *Melancholy Pride. Nation, Race and Gender in the German Literature of Cultural Zionism* (Tübingen: Niemeyer 2000); Herausgeber von *Confrontations/Accommodations. German-Jewish Literary and Cultural History from Heine to Wassermann* (Tübingen: Niemeyer 2004).

Jacob Golomb
Professor für Philosophie an der Hebräischen Universität Jerusalem und Direktor des Zentrums für österreichische Studien. Autor u. a. von *Nietzsche's Enticing Philosophy of Power* (Ames: Iowa State University Press 1989), *Introduction to Philosophies of Existence* (Tel Aviv: Ministry of Defense Press 1990), *In Search of Authenticity* (London, New York: Routledge 1995). Herausgeber u. a. von *Nietzsche and the Jewish Culture* (London, New York: Routledge 1997; dt. *Nietzsche und die jüdische Kultur*, Wien: Universitätsverlag 1998); Mitherausgeber von *Nietzsche and Depth Psychology* (Albany: SUNY Press 1999). In Vorbereitung: *Nietzsche in Zion* (Ithaca: Cornell University Press).

Jakob Hessing

Professor für Deutsche Literatur an der Hebräischen Universität Jerusalem. Autor u. a. von *Else Lasker-Schüler. Deutsch-jüdische Dichterin* (Karlsruhe: Loeper 1985), *Der Fluch des Propheten. Drei Abhandlungen über Sigmund Freud* (Rheda-Wiedenbrück: Daedalus 1989), *Die Heimkehr einer jüdischen Emigrantin. Else Lasker-Schülers mythisierende Rezeption 1945–1971* (Tübingen: Niemeyer 1993).

Hanni Mittelmann

Dozentin für Deutsche Literatur an der Hebräischen Universität Jerusalem; Forschungsschwerpunkt: deutsch-jüdische Literatur. Herausgeberin der Werke Albert Ehrensteins (München: Bör 1989–2004). In Vorbereitung: *Sammy Gronemann. Jüdische Literatur im Dienste des Zionismus* (Frankfurt a. M.: Campus-Verlag).

Shimon Levy

Professor für Theaterwissenschaft an der Universität Tel Aviv. Publikationen über *Samuel Becketts Drama* (Hakibbitz Hamiuchad 1997) und *Samuel Beckett's Self-Referential Drama* (Brighton/Portland: Sussex Academic Press 2002) sowie über das Hebräische Drama: *Any Graven Image* (Tel Aviv: Or'Am, 1992), *The Bible as Theater* (Sussex Academic Press, 2000), *The Israeli Theater Canon* (Tel Aviv: Hakibbutz Hamiuchad, 2002). Herausgeber von *Theater and Holy Script* (1999); Mitherausgeber von *Hanoch Levin. The Man with the Myth in the Middle.* Er war Dramaturg des *Habimah* und des *Khan*-Theaters und übersetzte über 140 Dramen ins Hebräische. Heute ist er auch Berater des Israelischen Kulturministeriums.

Robert S. Wistrich

Direktor des Vidal Sassoon International Center for the Study of Anti-Semitism an der Hebräischen Universität Jerusalem und akademischer Vorsitzender des Zentrums für Österreichische Studien. Zahlreiche Veröffentlichungen, darunter: *Trotzky. Fate of a Revolutionary* (London: Stein and Day, 1979), *Who's Who in Nazi Germany* (London, New York: Routledge 1982, 1995), *Hitler's Apocalypse* (New York: St. Martin Press 1986), *The Jews of Vienna in the Age of Franz Joseph* (Oxford: Oxford University Press 1989), *Antisemitism: The Longest Hatred* (New York: Pantheon 1991) und *Hitler and the Holocaust* (New York: Random House 2001).

Personenregister